本書の特長と使い方

JN001071

本書は，各単元の最重要ポイントを確認し，基本的な問題を｛
通して，中1・中2英語の基礎を徹底的に固めることを目的、
1単元4ページの構成です。

ボクの一言ポイント
にも注目だよ！

数犬チャ太郎

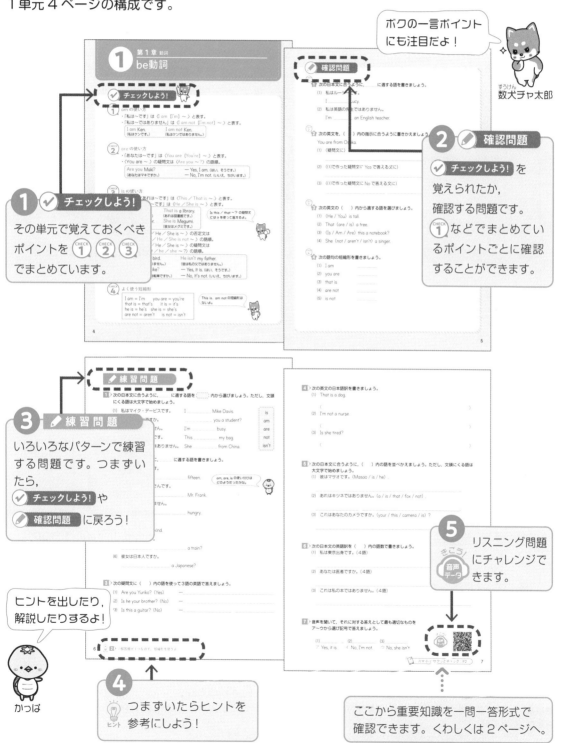

1 ✅ **チェックしよう！**

その単元で覚えておくべき
ポイントを ①②③
でまとめています。

2 ✏ **確認問題**

✅ **チェックしよう！** を
覚えられたか，
確認する問題です。
①などでまとめてい
るポイントごとに確認
することができます。

3 ✏ **練習問題**

いろいろなパターンで練習
する問題です。つまずい
たら，
✅ **チェックしよう！** や
✏ **確認問題** に戻ろう！

ヒントを出したり，
解説したりするよ！

かっぱ

4 💡 つまずいたらヒントを
ヒント 参考にしよう！

5 リスニング問題
🔊 音声 データ にチャレンジで
きます。

ここから重要知識を一問一答形式で
確認できます。くわしくは2ページへ。

ICT コンテンツを活用しよう!

使い方はカンタン!

本書は，QRコードを読み取るだけで ICT コンテンツを利用できます。

きこう! 音声データ 音声を聞いて リスニング問題 にチャレンジ

各ページの QR コードを読み取ると，リスニング問題の音声を聞くことができます。
音声の速度を調整することもできます。くり返し聞くことで，耳を慣らしていきましょう。

PCから　https://cds.chart.co.jp/books/r14elnmxjf/sublist/036

スマホでサクッとチェック 一問一答で知識の整理

下のQRコードから，重要知識をクイズ形式で確認できます。

1回10問だから，
スキマ時間に
サクッと取り組める!

PCから　https://cds.chart.co.jp/books/r14elnmxjf/sublist/000

便利な使い方

ICTコンテンツが利用できるページをスマホなどのホーム画面に追加することで，毎回
QR コードを読みこまなくても起動できるようになります。くわしくは QRコードを読み
取り，左上のメニューバー「≡」▶「ヘルプ」▶「便利な使い方」をご覧ください。

QR コードは株式会社デンソーウェーブの登録商標です。内容は予告なしに変更する場合があります。
通信料はお客様のご負担となります。Wi-Fi 環境での利用をおすすめします。また，初回使用時は利用規約を必ずお読みいただき，同意いただい
た上でご使用ください。
ICT とは，Information and Communication Technology（情報通信技術）の略です。

目　次

第1章
動詞

❶ be動詞 ……………………………… 4
❷ 一般動詞 …………………………… 8
❸ 三人称単数現在形 ……………… 12
❹ 過去形 …………………………… 16
❺ be動詞と一般動詞／
　 There is[are]〜.の文 ………… 20

第2章
前置詞

❶ 前置詞 …………………………… 24

第3章
名詞

❶ 複数形／代名詞 ………………… 28

第4章
命令文・感嘆文

❶ 「〜しなさい」／
　 「何て〜だ！」…………………… 32

第5章
進行形

❶ 現在進行形／過去進行形 ……… 36

第6章
助動詞

❶ 未来の文 ………………………… 40
❷ can「〜できる」………………… 44
❸ have to／must
　 「〜しなければならない」………… 48

第7章
疑問詞

❶ 疑問詞what …………………… 52
❷ 疑問詞who／how／when／
　 where／which／whose ……… 56

第8章
接続詞

❶ when／if／because／
　 that……………………………… 60

第9章
文型

❶ ＳＶＣ・ＳＶＯＯ・ＳＶＯＣ …… 64

第10章
不定詞・動名詞

❶ 不定詞の用法 …………………… 68
❷ いろいろな不定詞 ……………… 72
❸ 動名詞 …………………………… 76

第11章
比較

❶ 比較級と最上級 ………………… 80
❷ 比較の疑問文／as〜as… ……… 84

第12章
受け身

❶ 「〜される」 …………………… 88
❷ by「〜によって」／
　 助動詞を含む受け身……………… 92

第 1 章 動詞

be動詞

 チェックしよう！

CHECK 1 am の使い方

・「私は〜です」は 〈I am［I'm］〜 .〉と表す。
・「私は〜ではありません」は 〈I am not［I'm not］〜 .〉と表す。

I am Ken.	I am not Ken.
（私はケンです。）	（私はケンではありません。）

CHECK 2 are の使い方

・「あなたは〜です」は 〈You are［You're］〜 .〉と表す。
・〈You are 〜 .〉の疑問文は 〈Are you 〜 ?〉の語順。

Are you Maki?	— Yes, I am. （はい，そうです。）
（あなたはマキですか。）	— No, I'm not. （いいえ，ちがいます。）

CHECK 3 is の使い方

・「これは／あれは〜です」は 〈This ／ That is 〜 .〉と表す。
・「彼は／彼女は〜です」は 〈He ／ She is 〜 .〉と表す。

This is a cat.	That is a library.
（これはネコです。）	（あれは図書館です。）
He is a doctor.	She is Megumi.
（彼は医者です。）	（彼女はメグミです。）

> Is this ／ that 〜? の疑問文には it を使って答えるよ。

・〈This ／ That ／ He ／ She is 〜 .〉の否定文は
　〈This ／ That ／ He ／ She is not 〜 .〉の語順。
・〈This ／ That ／ He ／ She is 〜 .〉の疑問文は
　〈Is this ／ that ／ he ／ she 〜 ?〉の語順。

That's not a bird.	He isn't my father.
（あれは鳥ではありません。）	（彼は私の父ではありません。）
Is this your bike?	— Yes, it is. （はい，そうです。）
（これはあなたの自転車ですか。）	— No, it's not. （いいえ，ちがいます。）

CHECK 4 よく使う短縮形

I am = I'm 　　you are = you're
that is = that's 　　it is = it's
he is = he's 　 she is = she's
are not = aren't 　　 is not = isn't

> This is，am not の短縮形はないよ。

✎ 確認問題

CHECK 1

1 次の日本文に合うように，＿＿＿に適する語を書きましょう。

(1) 私はルーシーです。

I ＿＿＿＿＿＿ Lucy.

(2) 私は英語の先生ではありません。

I'm ＿＿＿＿＿＿ an English teacher.

CHECK 2

2 次の英文を，（　　）内の指示に合うように書きかえましょう。

You are from Osaka.

(1) （疑問文に）

＿＿＿＿＿＿＿＿＿＿＿＿＿＿＿＿＿＿＿＿＿＿＿＿＿

(2) （(1)で作った疑問文に Yes で答える文に）

＿＿＿＿＿＿＿＿＿＿＿＿＿＿＿＿＿＿＿＿＿＿＿＿＿

(3) （(1)で作った疑問文に No で答える文に）

＿＿＿＿＿＿＿＿＿＿＿＿＿＿＿＿＿＿＿＿＿＿＿＿＿

CHECK 3

3 次の英文の（　　）内から適する語を選びましょう。

(1) (He / You) is tall.

(2) That (are / is) a tree.

(3) (Is / Am / Are) this a notebook?

(4) She (not / aren't / isn't) a singer.

CHECK 4

4 次の語句の短縮形を書きましょう。

(1) I am ＿＿＿＿＿＿

(2) you are ＿＿＿＿＿＿

(3) that is ＿＿＿＿＿＿

(4) are not ＿＿＿＿＿＿

(5) is not ＿＿＿＿＿＿

✏ 練習問題

1 次の日本文に合うように，＿＿＿に適する語を ⬚ 内から選びましょう。ただし，文頭にくる語は大文字で始めましょう。

(1) 私はマイク・デービスです。　　I ＿＿＿＿＿ Mike Davis.

(2) あなたは学生ですか。　　＿＿＿＿＿ you a student?

(3) 私は忙しくありません。　　I'm ＿＿＿＿＿ busy.

(4) これは私のかばんです。　　This ＿＿＿＿＿ my bag.

(5) 彼女は中国出身ではありません。　She ＿＿＿＿＿ from China.

is
am
are
not
isn't

2 次の日本文に合うように，＿＿＿に適する語を書きましょう。

(1) あなたは 15 歳です。

＿＿＿＿＿ ＿＿＿＿＿ fifteen.

💬 am, are, is の使い分けはどのようだったかな。

(2) こちらはフランクさんです。

＿＿＿＿＿ ＿＿＿＿＿ Mr. Frank.

(3) 私は空腹ではありません。

＿＿＿＿＿ ＿＿＿＿＿ hungry.

💡(4) 彼は親切です。

＿＿＿＿＿ kind.

(5) あれは電車ですか。

＿＿＿＿＿ ＿＿＿＿＿ a train?

(6) 彼女は日本人ですか。

＿＿＿＿＿ ＿＿＿＿＿ a Japanese?

3 次の疑問文に（　）内の語を使って３語の英語で答えましょう。

(1) Are you Yuriko?（Yes）　　—＿＿＿＿＿＿＿＿＿＿＿＿＿

(2) Is he your brother?（No）　　—＿＿＿＿＿＿＿＿＿＿＿＿＿

(3) Is this a guitar?（No）　　—＿＿＿＿＿＿＿＿＿＿＿＿＿

💡 **2** ▶ (4)解答欄が１つなので，短縮形を使うよ。

4 ▶ 次の英文の日本語訳を書きましょう。

(1) That is a dog.

(　　　　　　　　　　　　　　　　　　　　　　　　　　　　　　　　)

(2) I'm not a nurse.

(　　　　　　　　　　　　　　　　　　　　　　　　　　　　　　　　)

(3) Is she tired?

(　　　　　　　　　　　　　　　　　　　　　　　　　　　　　　　　)

5 ▶ 次の日本文に合うように，（　　　）内の語を並べかえましょう。ただし，文頭にくる語は大文字で始めましょう。

(1) 彼はマサオです。(Masao / is / he) .

_____.

(2) あれはキツネではありません。(a / is / that / fox / not) .

_____.

(3) これはあなたのカメラですか。(your / this / camera / is) ?

_____?

6 ▶ 次の日本文の英語訳を（　　　）内の語数で書きましょう。

(1) 私は東京出身です。（4語）

_____

(2) あなたは医者ですか。（4語）

_____

(3) これは私の本ではありません。（4語）

_____

7 ▶ 音声を聞いて，それに対する答えとして最も適切なものを
ア～ウから選び記号で答えましょう。

(1)_____　(2)_____　(3)_____
ア Yes, it is.　　イ No, I'm not.　　ウ No, she isn't.

一般動詞

チェックしよう！

CHECK 1 一般動詞

・動作や状態を表す動詞を一般動詞という。一般動詞は，意味によって使う単語が異なる。

●よく使う一般動詞

動作を表す	play((スポーツなど)をする)/ go(行く)/ clean(〜を掃除する)/ use(〜を使う)/ watch(〜を見る)/ eat(〜を食べる)/ make(〜を作る)/ study(〜を勉強する)/ read(〜を読む)/ run(走る)/ speak(〜を話す)
状態を表す	like (〜が好きである) / have (〜を持っている，〜を飼っている) / know (〜を知っている) / want (〜が欲しい) / live (住んでいる)

・一般動詞には，後ろに「〜を / 〜が」にあたる言葉（目的語）をとるものと，とらないものがある。

> I   play   tennis. (私はテニスをします。)
> 主語   一般動詞   目的語

> I   swim. (私は泳ぎます。)
> 主語   一般動詞

目的語をとるかどうかは，動詞によって決まっているよ。

CHECK 2 一般動詞の否定文

・「…は〜しません」は〈主語＋ do not［don't］＋一般動詞 〜 .〉と表す。

> 肯定文   I like pizza.   (私はピザが好きです。)
> 否定文   I don't like pizza.   (私はピザが好きではありません。)

CHECK 3 一般動詞の疑問文

・「…は〜しますか」は〈Do ＋主語＋一般動詞〜 ?〉と表す。答えるときは do を使う。

> 肯定文   You have a ball.   (あなたはボールを持っています。)
> 疑問文   Do you have a ball?   (あなたはボールを持っていますか。)
>   — Yes, I do. (はい，持っています。)
>   — No, I do not［don't］.
>   (いいえ，持っていません。)

Are you have 〜 ? や，I not like 〜 . のような間違いをしないように，しっかり形を覚えよう。

1 次の日本文に合うように，（　　）内から適する語を選びましょう。

(1) 私は卓球をします。　　　　　　I（play / have）table tennis.

(2) 私は図書館に行きます。　　　　I（come / go）to the library.

(3) 私は毎日歩きます。　　　　　　I（walk / run / swim）every day.

(4) あなたには妹がいます。　　　　You（are / make / have）a sister.

2 次の日本文に合うように，＿＿＿＿に適する語を書きましょう。

(1) 私は本を読みません。

I ＿＿＿＿＿ read books.

(2) あなたはサッカーの試合を見ません。

You ＿＿＿＿＿ not watch soccer games.

(3) 私は魚が好きではありません。

I ＿＿＿＿＿ ＿＿＿＿＿ like fish.

(4) あなたはピアノを弾きません。

You ＿＿＿＿＿ ＿＿＿＿＿ the piano.

3 次の英文を，（　　）内の指示に合うように書きかえましょう。

You eat pizza.

(1) （疑問文に）

＿＿＿＿＿＿＿＿＿＿＿＿＿＿＿＿＿＿＿＿＿＿＿＿＿＿

(2) （(1)で作った疑問文に Yes で答える文に）

＿＿＿＿＿＿＿＿＿＿＿＿＿＿＿＿＿＿＿＿＿＿＿＿＿＿

(3) （(1)で作った疑問文に No で答える文に）

＿＿＿＿＿＿＿＿＿＿＿＿＿＿＿＿＿＿＿＿＿＿＿＿＿＿

✎ 練 習 問 題

1▷ 次の日本文に合うように，_____ に適する語を ⌈____⌋ 内から選びましょう。

(1) 私は部屋を掃除します。　　　　I _____ my room.

(2) あなたは中国語を話しますか。　Do you _____ Chinese?

(3) 私は野球を楽しみます。　　　　I _____ baseball.

(4) 私はテレビを見ません。　　　　I don't _____ TV.

(5) あなたは京都に住んでいます。　You _____ in Kyoto.

(6) 私はよく写真を撮ります。　　　I often _____ pictures.

> watch
> live
> clean
> enjoy
> take
> speak

2▷ 次の日本文に合うように，（　　）内から適する語を選びましょう。

(1) 私は公園で走ります。　　　　　I (play / run) in the park.

(2) あなたはゲームをしますか。　　(Do / Are) you play a video game?

(3) 私はウサギが好きです。　　　　I (have / like) rabbits.

(4) あなたはその自転車を使います。You (have / take / use) the bike.

(5) 私は納豆を食べません。　　　　I (not / aren't / don't) eat *natto*.

3▷ 次の日本文に合うように，_____ に適する語を書きましょう。

(1) 私は毎週日曜日に図書館に行きます。

I _____ to the library every Sunday.

(2) 私はその歌手を知りません。

I do not _____ the singer.

(3) あなたは音楽を聞きますか。

Do you _____ to music?

いろいろな一般動詞を
覚えているかな。

(4) 私たちは英語を話します。

We _____ English.

💡 ヒント **6▷** (1)〜が欲しい…want　(3)数学…math

4 ▷ 次の日本文に合うように，（　　）内の語を並べかえましょう。ただし，文頭にくる語は大文字で始めましょう。

(1) あなたはネコを飼っています。(a / you / cat / have) .

_____ .

(2) 私は牛乳を飲みません。(not / milk / drink / do / I) .

_____ .

(3) あなたはギターを弾きますか。(the / do / guitar / you / play) ?

_____ ?

5 ▷ 次の英文の日本語訳を書きましょう。

(1) I don't use the computer.

(　　　　　　　　　　　　　　　　　　　　　　　　　　　　　　　)

(2) I study English every day.

(　　　　　　　　　　　　　　　　　　　　　　　　　　　　　　　)

(3) Do you know the boy?

(　　　　　　　　　　　　　　　　　　　　　　　　　　　　　　　)

6 ▷ 次の日本文の英語訳を（　　）内の語数で書きましょう。

(1) 私はそのペンが欲しいです。(4語)

_____

(2) あなたはテニスをしますか。(4語)

_____

(3) 私は数学が好きではありません。(4語)

_____

7 ▷ 音声を聞いて，それに対する答えを書きましょう。

(1) No, _____ _____ .

(2) Yes, _____ _____ .

第1章 動詞

③ 三人称単数現在形

 チェックしよう！

CHECK 1 三人称単数現在形
・三人称単数とは，I と you 以外の「彼は」he や「彼女は」she，「このペン」this pen，「あの犬」that dog などの，1人の人・1つのものをいう。
・主語が三人称単数で，現在の一般動詞の文では，動詞の語尾に -(e)s をつける。

	動詞の原形と意味	-(e)s の形
そのまま s をつける	play （（スポーツなど）をする，遊ぶ）	plays
es をつける	teach （〜を教える） go （行く）	teaches goes
y を i にして es をつける	study （〜を勉強する）	studies
不規則に変化する	have （〜を持っている，〜を食べる，〜を飼っている）	has

CHECK 2 三人称単数現在の否定文
・主語が三人称単数で，現在の一般動詞の否定文は，〈主語＋ does not ［doesn't］＋一般動詞の原形〜 .〉の語順。does not ［doesn't］のあとの動詞は原形（e や es をつけない形）にする。

> 肯定文 He　　　　　　　　　plays tennis. （彼はテニスをします。）
> 否定文 He does not ［doesn't］ play tennis. （彼はテニスをしません。）
> 　　　　　　　　　　　　　　原形

CHECK 3 三人称単数現在の疑問文
・主語が三人称単数で，現在の一般動詞の疑問文は，〈Does ＋主語＋一般動詞の原形〜 ?〉の語順。否定文のときと同じように，Does を使う疑問文では動詞は原形にする。答えるときは does を使う。

> 肯定文 She speaks Japanese. （彼女は日本語を話します。）
> 疑問文 Does she speak Japanese? （彼女は日本語を話しますか。）
> 　　　　　　　原形

否定文・疑問文では，動詞を原形に戻すことに特に注意しよう。

— Yes, she does. （はい，話します。）
— No, she does not ［doesn't］. （いいえ，話しません。）

確認問題

1 次の日本文に合うように，（ ）内から適する語を選びましょう。

(1) クミは海で泳ぎます。　　　　　　Kumi（swim / swims）in the sea.

(2) あなたは皿を洗います。　　　　　You（wash / washes）the dishes.

(3) そのネコは魚を食べます。　　　　The cat（eat / eats）fish.

(4) 彼女はウサギを飼っています。　　She（have / haves / has）a rabbit.

(5) 彼は英語を勉強します。　　　　　He（studyes / studies / studys）English.

(6) グリーン先生は音楽を教えます。

　　　　　　　　　　　　　　　　Ms. Green（teachs / teaches / teachies）music.

2 次の英文の（ ）内から適する語（句）を選びましょう。

(1) I（do / does）not open the window.

(2) Ken（not / do not / does not）like the T-shirt.

(3) You（not / don't / doesn't）play tennis.

(4) My father（don't / doesn't / isn't）work on Sundays.

(5) He doesn't（know / knows）Ken's address.

(6) （I / You / She）does not want water.

3 次の英文を，（ ）内の指示に合うように書きかえましょう。

She has a dog.

(1) （疑問文に）

_____

(2) （(1)で作った疑問文に Yes で答える文に）

_____

(3) （(1)で作った疑問文に No で答える文に）

_____

✏️ 練習問題

1 ▶ 次の（　）内の語を正しい形に変えて，_____ に書きましょう。変える必要のないものは，そのまま書きましょう。

(1) He (eat) apples.   _____

(2) Does Tom (play) volleyball?   _____

(3) My sister (watch) the DVD.   _____

(4) Mr. Brown doesn't (have) a bird.   _____

(5) Mai (study) math on Monday.   _____

2 ▶ 次の日本文に合うように，_____ に適する語を書きましょう。

(1) 私の母はケーキを作ります。

My mother _____ cakes.

(2) 彼はバスで学校に行きます。

He _____ to school by bus.

(3) 私は音楽を聞きます。

I _____ to music.

(4) ナオトは放課後，野球をしません。

Naoto does not _____ baseball after school.

(5) 彼女はマンガを読みますか。

Does she _____ comics?

> 動詞に s や es がつくのはどんなときだったかな。

3 ▶ 次の_____ に，do か does のどちらかを書きましょう。ただし，文頭にくる語は大文字で始めましょう。

(1) _____ Saki have a dictionary?

(2) I _____ not use the room.

(3) _____ you study science?

(4) Your sister _____ not drink coffee.

💡 **3** ▶ 主語が三人称（I, you 以外）単数で現在の文のときは does を使うよ。

4▶ 次の英文の日本語訳を書きましょう。

(1) My mother gets up at six.

(　　　　　　　　　　　　　　　　　　　　　　　　　　　)

(2) Does she have a computer?

(　　　　　　　　　　　　　　　　　　　　　　　　　　　)

(3) He goes to the park on Saturdays.

(　　　　　　　　　　　　　　　　　　　　　　　　　　　)

5▶ 次の日本文に合うように，（ 　 ）内の語を並べかえましょう。ただし，不要な語が1語ずつ入っています。また，文頭にくる語は大文字で始めましょう。

(1) あなたのお父さんは昼食を作りますか。

(father / do / lunch / does / your / make) ?

_____?

(2) トムはそのCDを聞きます。(hears / to / Tom / CD / listens / the) .

_____.

(3) 彼女は卵を食べません。(not / eats / she / eggs / eat / does) .

_____.

6▶ 次の英文を，（ 　 ）内の指示に合うように書きかえましょう。

(1) I cook breakfast. （下線部を she に変えて）

_____

(2) Do you know Yumi? （下線部を your brother に変えて）

_____

(3) He studies English. （否定文に）

_____

7▶ 音声を聞いて，聞き取った英語を書きましょう。

(1) He _____ a racket.

(2) Kumi _____ curry.

(3) Mr. Suzuki _____ French.

4 過去形

✔ チェックしよう！

CHECK 1 一般動詞の過去形

・「〜しました」と一般動詞を使って過去のことを表すときは，動詞を過去形にする。
・過去形には，-(e)d をつける規則動詞と，形が不規則に変化する不規則動詞がある。
●よく使う不規則動詞

come → came	go → went	give → gave	eat → ate
buy → bought	see → saw	take → took	know → knew
teach → taught	have → had	say → said	write → wrote など

CHECK 2 一般動詞の過去の否定文・疑問文

・「〜しませんでした」は〈主語 + did not〔didn't〕+ 一般動詞の原形 〜 .〉の語順。did not〔didn't〕のあとの動詞は原形にする。did not の短縮形は didn't。

> 肯定文 He played soccer yesterday. （彼は昨日サッカーをしました。）
> 否定文 He didn't play soccer yesterday. （彼は昨日サッカーをしませんでした。）

・「〜しましたか」は〈Did + 主語 + 一般動詞の原形 〜 ?〉の語順。否定文のときと同じように，Did を使う疑問文では動詞は原形にする。答えるときは did を使う。

> 疑問文 Did he play soccer yesterday? （彼は昨日サッカーをしましたか。）
> — Yes, he did. （はい，しました。）
> — No, he did not〔didn't〕. （いいえ，しませんでした。）

> do, does, did は3つセットで覚えよう！

CHECK 3 be 動詞の過去形

・be 動詞の過去形は was と were で表す。am, is の過去形が was, are の過去形が were。
・否定文・疑問文は，現在形のときと同じ作り方。

> 肯定文 Taro was sick. （太郎は病気でした。）
> 否定文 Taro wasn't sick. （太郎は病気ではありませんでした。）
> 疑問文 Was Taro sick? （太郎は病気でしたか。）
> — Yes, he was. （はい，病気でした。）
> — No, he was not〔wasn't〕.
> （いいえ，病気ではありませんでした。）

> be 動詞の否定文・疑問文の形は，P4 で確認しよう。

確認問題

CHECK 1

1 次の一般動詞の過去形を書きましょう。

(1) visit ＿＿＿＿＿＿＿＿ (2) have ＿＿＿＿＿＿＿＿

(3) think ＿＿＿＿＿＿＿＿ (4) work ＿＿＿＿＿＿＿＿

(5) make ＿＿＿＿＿＿＿＿ (6) come ＿＿＿＿＿＿＿＿

(7) leave ＿＿＿＿＿＿＿＿ (8) watch ＿＿＿＿＿＿＿＿

(9) study ＿＿＿＿＿＿＿＿ (10) write ＿＿＿＿＿＿＿＿

CHECK 2

2 次の日本文に合うように，＿＿＿に適する語を書きましょう。

(1) 彼は昨日，私の家に来ませんでした。

He ＿＿＿＿＿ ＿＿＿＿＿ come to my house yesterday.

(2) メアリーは前の日曜日に京都を訪れましたか。

＿＿＿＿＿ Mary ＿＿＿＿＿ Kyoto last Sunday?

(3) 私は昨晩，美香に電話しませんでした。

I ＿＿＿＿＿ ＿＿＿＿＿ Mika last night.

(4) ジョンはその本を買いませんでした。

John ＿＿＿＿＿ ＿＿＿＿＿ the book.

(5) 彼女は今朝，朝食を食べましたか。— はい，食べました。

＿＿＿＿＿ she eat breakfast this morning?

— Yes, ＿＿＿＿＿ ＿＿＿＿＿.

CHECK 3

3 次の英文の（　）内から適する語を選びましょう。

(1) I (am / was) in Tokyo yesterday.

(2) (Are / Were) you at home last night?

(3) Ken and I (was / were) students last year.

(4) It (was / were) not hot yesterday.

✏️ 練習問題

💡ヒント **1**▶ 次の日本文に合うように，_____ に適する語を ⌈____⌋内から選び，正しい形に変えて書きましょう。

(1) 私たちは夕食後にテレビを見ました。　　We _____ TV after dinner.

(2) エミは6時に起きました。　　Emi _____ up at six.

(3) 私はチョコレートを食べました。　　I _____ some chocolate.

(4) 私は昨日理科を勉強しました。　　I _____ science yesterday.

(5) 彼は彼女に手紙を書きました。　　He _____ a letter to her.

> study　　write　　watch　　eat　　get

2▶ 次の日本文に合うように，_____ に適する語を書きましょう。

(1) 私は昨晩，その本を読みました。

I _____ the book last night.

(2) あなたはこのケーキを作りましたか。　　— いいえ，作りませんでした。

_____ you make this cake?　　— No, I _____.

(3) 昨日は寒かったです。

It _____ cold yesterday.

3▶ 次の英文を，(　　) 内の指示に合うように書きかえるとき，_____ に適する語を書きましょう。

(1) He visited his grandfather yesterday. （疑問文に）

_____ he _____ his grandfather yesterday?

(2) You are a soccer player. （過去の文に）

You _____ a soccer player.

(3) I saw many animals. （否定文に）

> be 動詞の文なのか，一般動詞の文なのか，正しく見分けよう。

I _____ _____ many animals.

 💡ヒント **1**▶ write, eat, get は不規則動詞だから注意しよう。

4 次の日本文に合うように，（　　）内の語を並べかえましょう。ただし，文頭にくる語は大文字で始めましょう。

(1) あなたは沖縄で写真を撮りましたか。
(pictures / Okinawa / you / did / in / take) ?

_____ ?

(2) 私の母は，昨日とても疲れていました。
(very / mother / yesterday / my / was / tired) .

_____ .

(3) 私は先週，このカメラを買いました。
(this / I / week / camera / bought / last) .

_____ .

5 次の英文の日本語訳を書きましょう。

(1) I lived in Canada ten years ago.

(　　　　　　　　　　　　　　　　　　　　　　　　　　）

(2) He was not a teacher then.

(　　　　　　　　　　　　　　　　　　　　　　　　　　）

(3) She didn't go to bed early last night.

(　　　　　　　　　　　　　　　　　　　　　　　　　　）

6 次の日本文の英語訳を（　　）内の語を使い，（　　）内の語数で書きましょう。

(1) 私は先週，忙しかったです。(last／5語)

_____

(2) あなたは昨日，その男の人に会いましたか。(meet／6語)

_____

(3) 彼は昨晩，そのパーティーを楽しみました。(night／6語)

_____

7 音声を聞いて，それに対する答えの文になるように，
_____ に適する語を書きましょう。

(1) I _____ soccer with my friends.

(2) No, I _____ . I _____ pizza.

5 be 動詞と一般動詞／ There is [are] ～ . の文

 チェックしよう！

 CHECK 1 be 動詞と一般動詞

・am, are, is, was, were を be 動詞，それ以外の動詞を一般動詞という。

	肯定文	否定文	疑問文
be 動詞	〈主語＋ be 動詞～ .〉 He is thirteen. （彼は 13 歳です。）	〈主語＋ be 動詞＋ not ～ .〉 He isn't thirteen. （彼は 13 歳ではありません。）	〈be 動詞＋主語～ ?〉 Is he thirteen? （彼は 13 歳ですか。）
一般動詞	〈主語＋一般動詞～ .〉 I like flowers. （私は花が好きです。）	〈主語＋ don't/doesn't/ didn't ＋一般動詞の原形～ .〉 I don't like flowers. （私は花が好きではありません。）	〈Do/Does/Did ＋主語 ＋一般動詞の原形～ ?〉 Do you like flowers? （あなたは花が好きですか。）

・be 動詞は，動詞の前後が＝（イコール）の関係になる。一般動詞は，動詞の前後が＝の関係にならないことが多い。

> **be 動詞** I am Ken.（私はケンです。）　※ I ＝ Ken である。
> **一般動詞** I know Ken.（私はケンを知っています。）　※ I ＝ Ken ではない。

 CHECK 2 There is [are] ～ . の文

・〈There is [are] ～ .〉は「～があります」「～がいます」という意味。～の部分が主語になり，主語が単数のときは There is ～，複数のときは There are ～ . を使う。

・there is の短縮形は there's，there are の短縮形は there're。

> There is a park near here.（この近くに公園が（ひとつ）あります。）
> There are some parks near here.（この近くに公園がいくつかあります。）

・否定文は〈There isn't[aren't] ～ .〉の語順。

> There isn't a park near here.（この近くに公園がありません。）

・疑問文は〈Is[Are] there ～ ?〉の語順。答えるときは there と be 動詞を使う。

> Is there a park near here?
> （この近くに公園はありますか。）
> — Yes, there is.（はい，あります。）
> — No, there isn't.（いいえ，ありません。）

> 固有名詞や the, my などがついた特定のもの・人は，There is ～ . の文の主語にできないよ。

CHECK 1

1 次の日本文に合うように，＿＿＿＿ に適する be 動詞を書きましょう。

(1) 彼は今，部屋にいます。　　　　　　　He ＿＿＿＿＿ in his room now.

(2) あなたは昨日病気でしたか。　　　　　＿＿＿＿＿ you sick yesterday?

(3) 彼らは高校生です。　　　　　　　　　They ＿＿＿＿＿ high school students.

(4) 私の友だちは親切です。　　　　　　　My friends ＿＿＿＿＿ kind.

(5) 私は空腹ではありませんでした。　　　I ＿＿＿＿＿ not hungry.

CHECK 1

2 次の（　　）内の語を正しい形に変えて，＿＿＿＿ に書きましょう。変える必要の
ないものは，そのまま書きましょう。

(1) Does he (like) music?　　　　　　　　　　　　＿＿＿＿＿＿＿＿

(2) They (visit) Tokyo last week.　　　　　　　　　＿＿＿＿＿＿＿＿

(3) Mike (study) Japanese every day.　　　　　　　＿＿＿＿＿＿＿＿

(4) I didn't (clean) the bathroom.　　　　　　　　　＿＿＿＿＿＿＿＿

(5) Ms. Kitano (buy) these pens yesterday.　　　　＿＿＿＿＿＿＿＿

CHECK 2

3 次の英文の（　　）内から適する語を選びましょう。

(1) There (is / are) some bananas on the table.

(2) (Is / Are) there a nice restaurant in the city?

(3) There (was / were) a lot of students in the gym.

CHECK 2

4 次の英文を，（　　）内の指示に合うように書きかえましょう。

There is a tall tree in the park.

(1) （否定文に）

＿＿＿＿＿＿＿＿＿＿＿＿＿＿＿＿＿＿＿＿＿＿＿＿＿＿＿＿＿＿＿＿＿＿＿＿＿＿

(2) （疑問文に）

＿＿＿＿＿＿＿＿＿＿＿＿＿＿＿＿＿＿＿＿＿＿＿＿＿＿＿＿＿＿＿＿＿＿＿＿＿＿

✏️ 練習問題

1 ▶ 次の日本文に合うように，（　　）内から適する語を選びましょう。

(1) 私たちはいつもコンピュータを使います。

We always （are / play / use） the computer.

(2) 私はテニスのファンです。

I （am / play / like） a tennis fan.

(3) 私たちは昨夜，リンゴをいくつか買いました。

We （buy / buys / bought） some apples last night.

(4) アイは昨日，図書館にいました。

Ai （was / saw / went） in the library yesterday.

(5) あなたは毎日，昼食を食べますか。

（Are / Do / Does） you eat lunch every day?

(6) テーブルの下にネズミがいます。

There （are / is / was） a mouse under the table.

2 ▶ 次の日本文に合うように，＿＿＿＿ に適する語を書きましょう。

> 日本語訳や文末の表現から，現在形，過去形のどちらになるかを考えよう。

(1) あなたは忙しいですか。

＿＿＿＿＿＿＿ you busy?

(2) 私は昨日，手紙を書きました。

I ＿＿＿＿＿ a letter yesterday.

(3) かばんの中に，オレンジが 1 つあります。

＿＿＿＿＿ ＿＿＿＿＿ an orange in the bag.

(4) 私の弟は昨晩，テレビを見ませんでした。

My brother ＿＿＿＿＿ ＿＿＿＿＿ TV last night.

3 ▶ 次の英文の＿＿＿＿に適する語を 〔　　〕 内から選びましょう。ただし，文頭にくる語は大文字で始めましょう。

(1) ＿＿＿＿＿ you speak Japanese well?

(2) ＿＿＿＿＿ your father work at the hospital?

(3) ＿＿＿＿＿ you from America?

(4) I ＿＿＿＿＿ not play the video game yesterday.

(5) ＿＿＿＿＿ she a famous singer?

does
is
are
did
do

💡 **3** ▶ 同じ文の中に一般動詞がないときは，be 動詞が入るよ。

4 ▷ 次の英文の日本語訳を書きましょう。

(1) Are there many balls in the box?

(　　　　　　　　　　　　　　　　　　　　　　　　　　　)

(2) He doesn't go to school on Saturdays.

(　　　　　　　　　　　　　　　　　　　　　　　　　　　)

5 ▷ 次の日本文に合うように，（　　）内の語（句）を並べかえましょう。ただし，文頭にくる語は大文字で始めましょう。

(1) 私の姉は早く起きません。
(sister / early / get / my / doesn't / up) .

_____

(2) 田中さんは昨晩，あなたに電話をしましたか。
(Mr. Tanaka / night / call / did / last / you) ?

_____?

(3) その公園には，たくさんの花があります。
(the park / are / flowers / of / in / lot / there / a) .

_____

6 ▷ 次の英文を，（　　）内の指示に合うように書きかえましょう。

(1) There is <u>a</u> book on the desk. （下線部を three に変えて）

_____

(2) <u>You</u> wash the car. （下線部を My father に変えて）

_____

(3) He wrote this book. （疑問文に）

_____

7 ▷ 音声を聞いて，それに対する答えを書きましょう。

(1) Yes, _____ _____.

(2) No, _____ _____.

前置詞

 チェックしよう！

- 名詞や代名詞の前に置いて〈場所〉〈時〉などを表す句を作る語を前置詞という。

CHECK 1 〈場所〉を表す前置詞

at	～で	in	～の中に	from	～から
on	～の上に（接触）	near	～の近くに	to	～へ

> My school is near my house. （私の学校は私の家の近くにあります。）
> Your book is on the bed. （あなたの本は，ベッドの上にあります。）

CHECK 2 〈時〉を表す前置詞

at	～に（時刻）	before	～の前に	in	～に（年・月・季節）
after	～のあとに	for	～の間（期間）	on	～に（曜日・日付）

> I go shopping on Sundays. （私は日曜日に買い物に行きます。）
> He watches TV after dinner. （彼は夕食後，テレビを見ます。）

CHECK 3 その他の前置詞

about	～について	for	～のために～にとって	of	～の
by	～で（交通手段）	like	～のような	with	～と一緒に～で（道具）
in	～（語）で（言語）	between	（2つのもの）の間に	without	～なしで

> We go to school by bus. （私たちはバスで学校に行きます。）
> I played tennis with Ken. （私はケンとテニスをしました。）

> 前置詞は，on Sunday, in the bag など，他の語とのかたまりで覚えるといいよ。

確認問題

1 次の日本文に合うように，（　　）内から適する語を選びましょう。

(1) 彼女は先週奈良へ行きました。

She went（to / for）Nara last week.

(2) 私は，部屋で宿題をします。

I do my homework（on / in）my room.

(3) 私たちは東京に住んでいます。

We live（on / in）Tokyo.

(4) 彼はレストランで昼食を食べました。

He had lunch（at / to）the restaurant.

(5) この近くに病院がありますか。

Is there a hospital（at / near）here?

2 次の日本文に合うように，＿＿＿＿に適する語を 〔　　　〕 内から選びましょう。

(1) 彼は夕食前に，ピアノを弾きます。　He plays the piano ＿＿＿＿＿＿ dinner.

(2) ケンタは 11 時に寝ます。　Kenta goes to bed ＿＿＿＿＿＿ eleven.

(3) 私たちは月曜日にサッカーをします。We play soccer ＿＿＿＿＿＿ Monday.

(4) 私は 7 月にアメリカに行きました。　I went to America ＿＿＿＿＿＿ July.

(5) ユミは 2 週間京都にいました。

Yumi stayed in Kyoto ＿＿＿＿＿＿ two weeks.

> at　　for　　on　　before　　in

3 次の日本文に合うように，（　　）内から適する語を選びましょう。

(1) 彼らは車で店に行きました。　　　They went to the shop（in / by）car.

(2) 私は英語で彼と話します。　　　　I talk with him（in / by）English.

(3) クミは歌手のように見えます。　　Kumi looks（like / for）a singer.

(4) 彼について私に話してください。　Tell me（of / about）him.

(5) これはあなたのための花です。　　This is a flower（of / for）you.

25

1 次の日本文に合うように，_____に適する語を 　　　　 内から選びましょう。ただし，同じ語は一度しか使えません。

(1) 犬がいすの下にいます。　　　　　　　A dog is _____ the chair.

(2) 私は星についての本を持っています。　I have a book _____ stars.

(3) 彼らは夏に泳ぎます。　　　　　　　　They swim _____ summer.

(4) 私たちは駅でミサを見ました。　　　　We saw Misa _____ the station.

(5) 私は日曜日には学校に行きません。

　　　　　　　　　　　　　I don't go _____ school _____ Sundays.

> about　　to　　in　　under　　at　　on

2 次の英文の日本語訳を完成させましょう。

(1) I drink tea before class.　　　　　私は（　　　　　　　　）お茶を飲みます。

(2) I was born in March.　　　　　　　私は（　　　　　　　　）生まれました。

(3) He learned *karate* for two years.　彼は（　　　　　　　　）空手を習いました。

(4) This present is for you.　　　　　このプレゼントは（　　　　　　　　）ものです。

(5) Mari had lunch with her friends. マリは（　　　　　　　　）昼食を食べました。

3 次の日本文に合うように，_____に適する語を書きましょう。

(1) 自転車で公園に行きましょう。

　　Let's go to the park _____ bike.

💡(2) 壁にポスターがあります。

ヒント　There is a poster _____ the wall.

> 「〜出身だ」は「〜から来た」と考えるとわかりやすいよ。

(3) 彼は中国出身です。

　　He is _____ China.

(4) 私は昨日，8 時に帰宅しました。

　　I came home _____ eight yesterday.

💡 **3** (2)「ポスターが壁に接触している」と考えよう。

4 次の英文の日本語訳を書きましょう。

(1) My brother works from nine to five.

(　　　　　　　　　　　　　　　　　　　　　　　　　　　　　　　)

(2) I talked about my hobby.

(　　　　　　　　　　　　　　　　　　　　　　　　　　　　　　　)

(3) Tom came to Japan in 2015.

(　　　　　　　　　　　　　　　　　　　　　　　　　　　　　　　)

5 次の日本文に合うように，(　　)内の語（句）を並べかえましょう。ただし，文頭にくる語は大文字で始めましょう。

(1) ドアのそばに2匹の犬がいます。(two / are / by / dogs / there / the door)．

_____ .

(2) 彼は2時間数学を勉強しました。(for / he / studied / hours / math / two)．

_____ .

(3) 彼らは英語で話しますか。(English / they / do / in / speak)？

_____ ?

6 次の日本文の英語訳を (　　) 内の語数で書きましょう。

(1) これは私の家族の写真です。(7語)

_____

(2) 私は毎日7時に起きます。(7語)

_____

7 音声を聞いて，聞き取った英語を書きましょう。

(1) Sing _____ me.

(2) I study _____ my room.

(3) Do you come _____ Osaka?

複数形／代名詞

チェックしよう！

 CHECK 1 名詞の単数形・複数形

・名詞とは，人やものを表す語のこと。名詞が1つのものを表すときの形を「単数形」，2つ以上のものを表すときの形を「複数形」という。

・名詞には，「数えられる名詞」と「数えられない名詞」がある。

・決まった形のないもの，目に見えないもの，人名，地名，国名などは「数えられない名詞」。

> water（水）　math（数学）　Tom（トム）

など

・「数えられる名詞」が1つのとき，名詞の前には a を，母音の発音で始まるものの前には an を置く。ただし，「数えられない名詞」の前には何も置かず，また複数形にもならない。

> a book（（1冊の）本）　an apple（（1個の）リンゴ）

など

> 母音は，日本語の「ア・イ・ウ・エ・オ」に近い音だよ。

 CHECK 2 名詞の複数形の作り方

名詞の種類	複数形の作り方	単数形→複数形
多くの名詞	s をつける	book（本）→ books
語尾が o, x, s, ch, sh	es をつける	bus（バス）→ buses
語尾が〈子音字＋y〉	y を i にして es をつける	country（国）→ countries
語尾が f, fe	f, fe を v にして es をつける	leaf（葉）→ leaves
不規則に変化するもの		child（子ども）→ children

 CHECK 3 代名詞

・名詞のくり返しをさけるため，その名詞の代わりに使う語を代名詞という。

・代名詞は，文の中でのはたらきによって形が変わる。

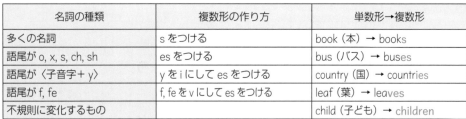

	単数				複数		
	～は	～の	～を, ～に		～は	～の	～を, ～に
私	I	my	me	私たち	we	our	us
あなた	you	your	you	あなたたち	you	your	you
彼	he	his	him	彼ら			
彼女	she	her	her	彼女ら	they	their	them
それ	it	its	it	それら			

CHECK 1

1 次の名詞を単数形で表すとき，名詞の前に置く語を a, an から選んで書きましょう。ただし，何も置かないときは×を書きましょう。

(1) (　　) pen ＿＿＿＿＿＿＿＿＿＿

(2) (　　) egg ＿＿＿＿＿＿＿＿＿＿

(3) (　　) eraser ＿＿＿＿＿＿＿＿＿＿

(4) (　　) Australia ＿＿＿＿＿＿＿＿＿＿

(5) (　　) bird ＿＿＿＿＿＿＿＿＿＿

(6) (　　) Ms. Nakano ＿＿＿＿＿＿＿＿＿＿

CHECK 2

2 次の名詞を複数形にしましょう。ただし，複数形にならないものはそのまま書きましょう。

(1) book ＿＿＿＿＿＿＿＿＿ (2) desk ＿＿＿＿＿＿＿＿＿

(3) rain ＿＿＿＿＿＿＿＿＿ (4) Japan ＿＿＿＿＿＿＿＿＿

(5) city ＿＿＿＿＿＿＿＿＿ (6) woman ＿＿＿＿＿＿＿＿＿

CHECK 3

3 次の日本文に合うように，(　　) 内から適する語を選びましょう。
(1) これは私のかばんです。
　　This is (my / me) bag.
(2) 私はそれが欲しいです。
　　I want (its / it) .
(3) あなたは彼が好きですか。
　　Do you like (he / his / him) ?
(4) これは彼の本ですか。
　　Is this (he / his / him) book?
(5) ホワイト先生は私たちを知っています。
　　Mr. White knows (we / our / us) .

✏️ 練習問題

1 ▷ 次の日本文に合うように，（　）内から適する語を選びましょう。

(1) 私は傘を持っています。　　　　　　I have（a / an）umbrella.

(2) あなたには5人の子どもがいます。　You have five（child / children）.

(3) 私はいくらか水が欲しいです。　　　I want some（water / waters）.

(4) これは彼らの家です。　　　　　　　This is（their / them / they）house.

(5) 彼女を見なさい。　　　　　　　　　Look at（her / him / she）.

(6) あれは彼の机ですか。　　　　　　　Is that（he / him / his）desk?

2 ▷ 次の英文が成り立つように，＿＿＿ に適する名詞または代名詞を書きましょう。

(1) Is this your dog?
　　—Yes, it is ＿＿＿＿＿＿ dog.

> まずは1つ目の英文を日本語に訳して，意味をよく考えてみよう。

(2) This is Tom. I like ＿＿＿＿＿＿.

(3) Who is Ms. Nishida? I don't know ＿＿＿＿＿＿.

(4) Do you have a brother?
　　—Yes, I do. I have two ＿＿＿＿＿＿.

3 ▷ 次の（　）内の語を正しい形に変えて，＿＿＿ に書きましょう。変える必要のないものは，そのまま書きましょう。

(1) I have five（ball）.　　　　　＿＿＿＿＿＿

(2) That is（you）bike.　　　　　＿＿＿＿＿＿

(3) I study（English）.　　　　　＿＿＿＿＿＿

(4)（She）father is a teacher.　　＿＿＿＿＿＿

(5) Do you know（they）?　　　　＿＿＿＿＿＿

(6) There are many（fish）here.　＿＿＿＿＿＿

30 💡 **1** ▷ (4)(5)(6)代名詞は，主語なら1番目，名詞の前なら2番目，その他なら3番目の形になるよ。

4 次の日本文に合うように，（　　）内の語を並べかえましょう。ただし，文頭にくる語は大文字で始めましょう。

(1) たくさんの子どもたちが私の家に来ました。

(came / a / my / to / of / children / house / lot) .

_____ .

(2) 彼のお父さんは車を2台持っていますか。

(father / cars / have / his / does / two) ?

_____ ?

5 次の英文の日本語訳を書きましょう。

(1) That is our school.

(　　　　　　　　　　　　　　　　　　　　　　　　）

(2) Let's practice basketball with us.

(　　　　　　　　　　　　　　　　　　　　　　　　）

(3) These are our rackets.

(　　　　　　　　　　　　　　　　　　　　　　　　）

6 次の日本文の英語訳を（　　）内の語数で書きましょう。

(1) これはあなたの自転車ですか。（4語）

_____

(2) 私は犬を2匹飼っています。（4語）

_____

(3) あなたは彼らとテニスをしましたか。（6語）

_____

7 音声を聞いて，それに対する答えの文になるように _____ に適する代名詞を書きましょう。

Yes. I know _____. _____ is in the tennis club.

「〜しなさい」／「何て〜だ！」

 チェックしよう！

 CHECK 1 命令文

- 相手に「〜しなさい」「〜してください」と伝える文を命令文という。
- 「〜しなさい」…主語を省略し，動詞の原形で文を始める。be 動詞を使った文の命令文は，be 動詞の原形である Be で文を始める。

> Study math every day. （毎日数学を勉強しなさい。）
> Be quiet in this room. （この部屋では静かにしなさい。）

 CHECK 2 いろいろな命令文

> please を文の終わりに置くときには，コンマをつけるよ。

- 「〜してはいけません」…命令文の文頭に Don't を置く。
- 「〜しましょう」…命令文の文頭に Let's を置く。
- 「〜してください」…命令文の文頭か文末に please を置く。

> Don't eat this cake. （このケーキを食べてはいけません。）
> Let's go shopping. （買い物に行きましょう。）
> Please help Ken. [Help Ken, please.] （ケンを助けてください。）

 CHECK 3 感嘆文

- 「何て〜だ！」と，驚きや感動を表す文を感嘆文という。
- 〈How ＋形容詞 [副詞]!〉〈What ＋形容詞＋名詞 !〉の形で表す。

> How interesting! （何ておもしろいんだ！）
> 　形容詞

> What an interesting movie! （何ておもしろい映画なんだ！）
> 　　　　　形容詞　　　名詞

- 〈How ＋形容詞 [副詞] ＋主語＋動詞 !〉や〈What ＋形容詞＋名詞＋主語＋動詞 !〉のように，最後に主語＋動詞をつけることもある。

> 感嘆文の文末には〈!〉（エクスクラメーションマーク）をつけるよ。

> How cool he is! （彼は何てかっこいいんだ！）
> 　形容詞 主語 動詞

> What a cool boy he is! （彼は何てかっこいい少年なんだ！）
> 　　　形容詞 名詞 主語 動詞

 **確認問題**

CHECK
1

❶ 次の英文を「〜しなさい」という文に書きかえましょう。

(1) You clean your room.

_____

(2) You use this dictionary.

_____

(3) You are kind to your friends.

_____

CHECK
2

❷ 次の英文の日本語訳を完成させましょう。

(1) Don't stand up now.
　今は（　　　　　　　　　　　　　　　　）。

(2) Please call me later.
　あとで私に（　　　　　　　　　　　　　）。

(3) Come here, please.
　ここに（　　　　　　　　　　　　　　　）。

(4) Let's watch TV together.
　一緒にテレビを（　　　　　　　　　　　　）。

(5) Don't come into this room.
　この部屋に（　　　　　　　　　　　　　　）。

CHECK
3

❸ 次の日本文に合うように，（　　）内から適する語を選びましょう。

(1) 何て難しいんでしょう！
　　(How / What) difficult!
(2) 何て美しい写真なんでしょう！
　　(How / What) a beautiful picture!
(3) 彼は何て速く走るんでしょう！
　　(How / What) fast he runs!
(4) 彼女は何て偉大な芸術家なんでしょう！
　　(How / What) a great artist she is!

後ろが〈形容詞〉なのか，
〈形容詞＋名詞〉なのかが
ポイントだったね。

33

✏️ 練習問題

1 ▷ 次の英文の（　　　）内から適する語を選びましょう。

(1) (How / What) tall he is!

(2) (Please / Read) this book.

(3) (Be / Is) quiet here.

(4) (How / What) a delicious cake!

(5) I like this movie. (Don't / Let's) see it together.

(6) (Don't / Not) use the bike.

2 ▷ 次の英文の日本語訳を書きましょう。

(1) Let's go shopping. 　　　買い物に（　　　　　　　　　　　　　　　　）。

(2) How cute this cat is! 　　このネコは（　　　　　　　　　　　　　　）！

💡(3) Don't be late for school. 　学校に（　　　　　　　　　　　　　　）。
ヒント

(4) What a big T-shirt! 　　　（　　　　　　　　　　　　　　）Tシャツでしょう！

3 ▷ 次の日本文に合うように，＿＿＿＿ に適する語を書きましょう。

(1) 英語を一生懸命勉強しなさい。

＿＿＿＿＿＿＿ English hard.

(2) 彼は何てすてきなんでしょう！

＿＿＿＿＿＿＿ nice he is!

(3) プールで泳ぎましょう。

＿＿＿＿＿＿＿ ＿＿＿＿＿＿＿ in the pool.

(4) ゆっくり話してください。

＿＿＿＿＿＿＿ slowly, ＿＿＿＿＿＿.

💡 **2** ▷ (3) 〈Don't be ～ .〉 は 〈Be ～ .〉 の否定文で，「～してはいけません」の意味だよ。
ヒント

4 ▶ 次の日本文に合うように，（　　）内の語を並べかえましょう。ただし，文頭にくる語は大文字で始めましょう。

(1) この部屋では静かにしなさい。(in / quiet / room / be / this) .

_____ .

(2) 彼は何てやさしい男性なんでしょう！ (kind / is / he / man / what / a) !

_____ !

(3) あなたの名前を書いてください。(name / please / your / write / ,) .

_____ .

> **4** ▶ (3)は，コンマがあることに注目しよう。

5 ▶ 次の英文を，（　　）内の指示に合うように書きかえましょう。

(1) You bring your notebook. （「～しなさい」という意味の文に）

_____

(2) You are careful. （「～しなさい」という意味の文に）

_____

(3) You use your smartphone. （「～してはいけません」という意味の文に）

_____

(4) You are afraid of mistakes. （「～してはいけません」という意味の文に）

_____

(5) We play soccer in the park. （「～しましょう」という意味の文に）

_____

(6) She is a tall woman. （「…は何て～でしょう」という意味の6語の文に）

_____

6 ▶ 音声を聞いて，聞き取った英語を書きましょう。

(1) _____ up early.

(2) _____ small the baby is!

(3) _____ sit here.

第5章 進行形

現在進行形・過去進行形

 チェックしよう！

CHECK 1 現在進行形

- 「〜しています」と，今まさに進行中の動作についていうときは現在進行形を使う。
- 現在進行形は〈be 動詞＋動詞の ing 形〉で表す。

> I am playing tennis now. （私は今，テニスをしています。）

動詞の種類	動詞の ing 形の作り方	原形 → 動詞の ing 形
多くの動詞	そのまま ing をつける	play → playing / study → studying
語尾が e	e をとって ing をつける	write → writing / use → using
run など	最後の文字を重ねて ing をつける	run → running / swim → swimming

 be 動詞の文と同じやり方だね。

CHECK 2 現在進行形の否定文と疑問文

- 否定文にするときは，be 動詞のあとに not を置く。
- 疑問文にするときは，〈be 動詞＋主語＋動詞の ing 形〜？〉の語順。

> 肯定文 You are reading a book now. （あなたは今，本を読んでいます。）
> 否定文 You are not reading a book now. （あなたは今，本を読んでいません。）
> 疑問文 Are you reading a book now? （あなたは今，本を読んでいますか。）
> ― Yes, I am. （はい，読んでいます。）
> ― No, I am[I'm] not. （いいえ，読んでいません。）

CHECK 3 過去進行形

- 「〜していました」と，過去のある時点で進行中だった動作についていうときは，過去進行形を使う。
- 過去進行形は be 動詞を過去形にして，〈was[were] ＋動詞の ing 形〉で表す。

> 肯定文 He was playing soccer. （彼はサッカーをしていました。）
> 否定文 He was not playing soccer. （彼はサッカーをしていませんでした。）
> 疑問文 Was he playing soccer? （彼はサッカーをしていましたか。）
> ― Yes, he was. （はい，していました。）
> ― No, he was not[wasn't]. （いいえ，していませんでした。）

確認問題

1 次の動詞の ing 形を書きましょう。

(1) walk ＿＿＿＿＿＿＿＿＿ (2) take ＿＿＿＿＿＿＿＿＿

(3) run ＿＿＿＿＿＿＿＿＿ (4) dance ＿＿＿＿＿＿＿＿＿

(5) eat ＿＿＿＿＿＿＿＿＿ (6) study ＿＿＿＿＿＿＿＿＿

2 次の日本文に合うように，（　　）内から適する語を選びましょう。

(1) 私は友だちと野球をしています。

I (am / do) playing baseball with my friends.

(2) 彼は浴室で歌っています。

He is (sings / singing) in the bathroom.

(3) あなたは写真を撮っているのですか。

Are you (take / taking) pictures?

(4) 今は雨が降っていません。

It (isn't / doesn't) raining now.

3 次の日本文に合うように，＿＿＿＿ に適する語を書きましょう。

(1) 彼らは図書室で勉強していました。

They ＿＿＿＿＿＿ ＿＿＿＿＿＿ in the library.

(2) 彼は新聞を読んでいましたか。

＿＿＿＿＿＿ he ＿＿＿＿＿＿ a newspaper?

(3) 1時間前は雨が降っていました。

It ＿＿＿＿＿＿ ＿＿＿＿＿＿ an hour ago.

(4) タケルはギターの練習をしていませんでした。

Takeru ＿＿＿＿＿＿ ＿＿＿＿＿＿ practicing the guitar.

(5) イルカたちは海で泳いでいませんでした。

The dolphins ＿＿＿＿＿＿ ＿＿＿＿＿＿ in the sea.

✏ 練習問題

1 ▷ 次の日本文に合うように，_____ に適する語を ┌┄┄┄┐ 内から選び，適切な形に変えて書きましょう。

(1) 私たちは川で泳いでいます。　　　　　We are _____ in the river.

(2) 私の母は昼食を作っています。　　　　My mother is _____ lunch.

(3) 彼は公園を歩いていました。　　　　　He was _____ in the park.

(4) 私はそのとき勉強していませんでした。　I was not _____ then.

(5) あなたは手紙を書いているのですか。　　Are you _____ a letter?

┌┄┄┄┄┄┄┄┄┄┄┄┄┄┄┄┄┄┄┄┄┄┄┄┄┄┄┄┄┄┄┄┄┄┐
　　　　　walk　　study　　swim　　write　　make
└┄┄┄┄┄┄┄┄┄┄┄┄┄┄┄┄┄┄┄┄┄┄┄┄┄┄┄┄┄┄┄┄┄┘

2 ▷ 次の日本文に合うように，_____ に適する語を書きましょう。

(1) トムとエミは今，バドミントンをしています。
Tom and Emi _____ _____ badminton now.

💡(2) 彼は宿題をしていましたか。
ヒント
_____ he _____ his homework?

(3) サキは今，テレビを見ていません。
Saki _____ _____ TV now.

(4) 私たちは運動場で野球の練習をしていました。
We _____ _____ baseball in the ground.

> 文の主語と時制に
> よく注意しよう。

3 ▷ 次の英文を（　　）内の指示に合うように書きかえるとき，_____ に適する語を書きましょう。

(1) He writes an e-mail. （現在進行形の文に）
He _____ _____ an e-mail.

(2) You are eating dinner. （疑問文に）
_____ you _____ dinner?

(3) She is cleaning the room <u>now</u>. （下線部を then に変えて）
She _____ _____ the room then.

💡 **2** ▷ (2) (宿題などを) する…do
ヒント

4 次の日本文に合うように，（　　）内の語を並べかえましょう。ただし，文頭にくる語は大文字で始めましょう。

(1) 私は今，皿を洗っていません。（washing / now / I'm / dishes / not）.

_____.

(2) 彼はそのとき，音楽を聞いていました。（to / he / music / was / then / listening）.

_____.

(3) あなたは今，何をしていますか。（you / what / now / doing / are）？

_____?

5 次の英文の日本語訳を書きましょう。

(1) The cat is sleeping on the chair.
(　　　　　　　　　　　　　　　　　　　　　　　　　　　　　)

(2) Where were you playing basketball?
(　　　　　　　　　　　　　　　　　　　　　　　　　　　　　)

(3) They are singing English songs.
(　　　　　　　　　　　　　　　　　　　　　　　　　　　　　)

6 次の日本文の英語訳を（　　）内の語数で書きましょう。

(1) 私の妹は今，走っています。（5語）

_____

(2) 私はピアノを弾いていました。（5語）

_____

(3) あなたはそのとき，何をしていましたか。（5語）

_____

7 音声を聞いて，それに対する答えを書きましょう。

(1) No, _____ _____.

(2) Yes, _____ _____.

第 6 章 助動詞

未来の文

 チェックしよう！

CHECK 1 be going to

・「〜するつもりです」と未来を表す文は，〈be 動詞＋ going to ＋動詞の原形〉で表す。

・未来の文では，tomorrow（明日），next 〜（次の〜）など，未来の〈時〉を表す言葉を使うことが多い。

> He is going to cook tomorrow. （彼は明日，料理するつもりです。）

・「〜するつもりではありません」と否定文にするときは，be 動詞のあとに not を置く。

・「〜するつもりですか」と疑問文にするときは，be 動詞を主語の前に置く。

> 否定文 He is not going to cook. （彼は料理するつもりではありません。）
> 疑問文 Is he going to cook? （彼は料理するつもりですか。）
> 　　　 — Yes, he is. （はい，するつもりです。）
> 　　　 — No, he is not. （いいえ，するつもりではありません。）

> 主語が何であっても，動詞は原形になるよ。

CHECK 2 will

・未来のことを表す文は，〈will ＋動詞の原形〉でも表すことができる。

> You will go shopping tomorrow. （あなたは明日，買い物に行くつもりです。）

・will は，「〜でしょう」という推量の意味にもなる。will のあとに be 動詞がくるときは，原形の be を使う。

> It will be hot next week. （来週は暑くなるでしょう。）

・will の文の否定文は，will のあとに not を置く。will not の短縮形は won't。

・will の文の疑問文は，will を主語の前に置く。答えるときも will を使う。

> 否定文 You will not[won't] go shopping tomorrow.
> 　　　 （あなたは明日買い物に行かないでしょう。）
> 疑問文 Will you go shopping tomorrow?
> 　　　 （あなたは明日買い物に行きますか。）
> 　　　 — Yes, I will. （はい，行くでしょう。）
> 　　　 — No, I will not[won't]. （いいえ，行かないでしょう。）

CHECK 1

1 次の日本文に合うように，（　　）内から適する語を選びましょう。

(1) 私はあなたを手伝うつもりです。

I（am / was）going to help you.

(2) 彼らは明日サッカーをするつもりです。

They're going to（play / playing）soccer tomorrow.

(3) 彼はその CD を買うつもりです。

He is（going / goes）to buy the CD.

CHECK 1

2 次の日本文に合うように，＿＿＿＿に適する語を書きましょう。

(1) 私は今日，ユキに電話するつもりではありません。

＿＿＿＿＿＿ ＿＿＿＿＿ going to call Yuki today.

(2) 彼らは公園で走るつもりですか。

＿＿＿＿＿ they going to ＿＿＿＿＿ in the park?

(3) （(2)に答えて）はい，走るつもりです。

Yes, ＿＿＿＿＿ ＿＿＿＿＿.

CHECK 2

3 次の日本文に合うように，（　　）内から適する語を選びましょう。

(1) 私は明日，家にいるでしょう。　　　　I（am / will）stay at home tomorrow.

(2) コウジはおじさんを訪れるでしょう。　Koji will（visits / visit）his uncle.

(3) 私たちはあとで DVD を見るでしょう。　We（going / will）watch the DVD later.

CHECK 2

4 次の英文を，（　　）内の指示に合うように書きかえましょう。

His mother will go to the museum.

(1) （7語の否定文に）

_____

(2) （疑問文に）

_____

_____

(3) （(2)で作った疑問文に Yes で答える文に）

_____

✎ 練習問題

1 ▷ 次の語（句）の日本語訳を書きましょう。

(1) tomorrow （　　　　　　　　） (2) next month （　　　　　　　　　　）

(3) next year （　　　　　　　　） (4) this weekend （　　　　　　　　　　）

(5) next summer （　　　　　　　　） (6) an hour later （　　　　　　　　　　）

2 ▷ 次の日本文に合うように，_____ に適する語を書きましょう。

(1) 私は次の水曜日に，トムに会うでしょう。
_____ _____ meet Tom next Wednesday.

(2) 彼はパーティーに来ないでしょう。
He _____ _____ come to the party.

(3) 私は明日部屋の掃除をするつもりです。
I'm _____ _____ clean my room tomorrow.

(4) 彼らはその計画について話すつもりですか。
_____ they going to _____ about the plan?

💡(5) 私は明日忙しいでしょう。
I _____ _____ busy tomorrow.

(6) あなたは今日の午後，何をするつもりですか。
What _____ you _____ to _____ this afternoon?

3 ▷ 次の英文の（　　）内から適する語を選びましょう。

(1) Will he (visits / visit) Osaka?

(2) I (am / will) going to buy a new bike.

(3) We're going to (go / went) to the park after school.

(4) Will it rain (last / next) weekend?

(5) She (isn't / won't / doesn't) come to school tomorrow.

42

4 次の日本文に合うように，（　）内の語（句）を並べかえましょう。ただし，文頭にくる語は大文字で始めましょう。

(1) 明日は晴れでしょう。(sunny / it / tomorrow / be / will) .

_____ .

(2) あなたは買い物に行くつもりですか。(you / shopping / going / are / go / to) ?

_____ ?

(3) クミは京都で何を食べるつもりですか。

(Kumi / in / what / going to / Kyoto / is / eat) ?

_____ ?

5 次の英文の日本語訳を書きましょう。

まずは主語を決めてから文を作ろう。

(1) He will be a famous soccer player.

(_____)

(2) Where are you going to go next winter?

(_____)

6 次の英文を，（　）内の指示に合うように書きかえましょう。

(1) He gets up early every day. （下線部を tomorrow に変えて，8語の文に）

_____

(2) I will walk to school tomorrow. （6語の否定文に）

_____

(3) Yuri is going to buy the bag. （疑問文に）

_____

7 音声を聞いて，それに対する答えとして最も適切なものをア～ウから選び記号で答えましょう。

(1) _____ (2) _____ (3) _____

ア　I'll eat *soba*. 　イ　No, I'm not. 　ウ　Yes, she will.

第6章 助動詞

can 「〜できる」

✔ チェックしよう！

 CHECK 1 can の文

・can は「〜できる」という意味の助動詞で，「…は〜できます」と言うときは，〈主語＋ can ＋動詞の原形〜 .〉と表す。

> He plays soccer. （彼はサッカーをします。）
> He can play soccer. （彼はサッカーをすることができます。）

> 主語が何であっても can の あとの動詞は原形だよ。

CHECK 2 can の否定文・疑問文

・否定文は，can のあとに not を置き，
〈主語＋ cannot[can't] ＋動詞の原形〜 .〉の語順。
・疑問文は，can を主語の前に置き，〈Can ＋主語＋動詞の原形〜 ?〉の語順。答えるときも can を使う。

> 肯定文 He cannot [can't] play soccer. （彼はサッカーができません。）
> 疑問文 Can he play soccer? （彼はサッカーができますか。）
> — Yes, he can. （はい，できます。）
> — No, he cannot[can't]. （いいえ，できません。）

CHECK 3 Can you 〜 ?

・〈Can you 〜 ?〉は「あなたは〜できますか」という意味のほかに，「〜してくれませんか」と依頼する意味がある。

> Can you close the door? （ドアを閉めてくれませんか。）

CHECK 4 Can I 〜 ?

・〈Can I 〜 ?〉は「〜してもいいですか」と許可を求める意味がある。

> Can I play the piano now? （今ピアノを弾いてもいいですか。）

・〈Can I 〜 ?〉の疑問文には，主語を you にして答える。

> — Yes, you can. （はい，いいです。）
> — No, you cannot [can't]. （いいえ，いけません。）

> can と not はふつう， 分けて書くことはしないよ。

CHECK 1

1 次の日本文に合うように，＿＿＿＿ に適する語を書きましょう。

(1) マイクは漢字を読むことができます。　Mike can ＿＿＿＿＿＿ *kanji*.

(2) 私の姉はギターを弾くことができます。　My sister can ＿＿＿＿＿＿ the guitar.

(3) 私は中国語を話すことができます。　　I ＿＿＿＿＿＿ speak Chinese.

CHECK 2

2 次の英文を，（　　）内の指示に合うように書きかえましょう。

Ms. Sato can play tennis.

(1) （否定文に）

＿＿＿＿＿＿＿＿＿＿＿＿＿＿＿＿＿＿＿＿＿

(2) （疑問文に）

＿＿＿＿＿＿＿＿＿＿＿＿＿＿＿＿＿＿＿＿＿

(3) （(2)で作った疑問文に Yes で答える文に）

＿＿＿＿＿＿＿＿＿＿＿＿＿＿＿＿＿＿＿＿＿

CHECK 3-4

3 次の英文の日本語訳を書きましょう。

(1) Can you cook dinner for us?　　私たちに夕食を（　　　　　　　　　　　）。

(2) Can I take a picture?　　写真を（　　　　　　　　　　　）。

(3) Can you speak slowly?　　ゆっくり（　　　　　　　　　　　）。

CHECK 4

4 次の日本文に合うように，＿＿＿＿ に適する語を書きましょう。

(1) このクッキーを食べてもいいですか。

＿＿＿＿＿＿＿ I ＿＿＿＿＿＿＿ this cookie?

(2) ここにすわってもいいですか。

Can ＿＿＿＿＿＿ ＿＿＿＿＿＿ here?

(3) その写真を見てもいいですか。

＿＿＿＿＿＿＿ ＿＿＿＿＿＿＿ look at the picture?

✏ 練習問題

1 ▷ 次の英文の（　　）内から適する語を選びましょう。

(1) I can（eat / eating）*sashimi*.

(2) He（cans / can）use a computer.

(3) （Can / Is）your brother run fast?

(4) The student can（dances / dance）well.

2 ▷ 次の日本文に合うように，＿＿＿＿ に適する語を書きましょう。

(1) 彼は英語を書くことができます。

He ＿＿＿＿＿＿ ＿＿＿＿＿＿ English.

(2) 立ってもらえませんか。

＿＿＿＿＿＿ ＿＿＿＿＿＿ stand up?

(3) 私は夕食前に宿題を終えることができません。

I ＿＿＿＿＿＿ finish my homework before dinner.

(4) ジュースを飲んでもいいですか。

＿＿＿＿＿＿ ＿＿＿＿＿＿ drink juice?

3 ▷ 次の英文を（　　）内の指示に合うように書きかえるとき，＿＿＿＿ に適する語を書きましょう。

(1) Your friends can ski well. （疑問文に）

＿＿＿＿＿＿ your friends ＿＿＿＿＿＿ well?

(2) （(1)で作った疑問文に No で答える文に）

No, ＿＿＿＿＿＿ ＿＿＿＿＿＿.

(3) My cat catches the ball. （「〜できる」という意味の文に）

My cat ＿＿＿＿＿＿ ＿＿＿＿＿＿ the ball.

(4) Please wash the dishes. （ほぼ同じ意味の文に）

＿＿＿＿＿＿ ＿＿＿＿＿＿ wash the dishes?

46　💡 **3** ▷ (4) Please 〜 . は，相手に依頼する言い方だよ。

4 次の日本文に合うように，（　　）内の語（句）を並べかえましょう。ただし，文頭にくる語は大文字で始めましょう。

(1) 彼女はコンピュータを使うことができません。
（cannot / computer / use / she / a）．

_____ .

(2) 7時に私に電話してくれませんか。（you / seven / can / at / me / call）？

_____ ?

(3) 田中先生は歌を歌うのが上手です。（well / can / a song / Mr. Tanaka / sing）．

_____ .

5 次の英文の日本語訳を書きましょう。

(1) Can I take a picture of your dog?
（　　　　　　　　　　　　　　　　　　　　　　　　　）

(2) Her mother can teach English.
（　　　　　　　　　　　　　　　　　　　　　　　　　）

(3) We cannot carry the big box.
（　　　　　　　　　　　　　　　　　　　　　　　　　）

6 次の日本文の英語訳を書きましょう。

> **6** (3) 「（自分が）〜してもいいですか」と許可を求めているんだね。

(1) 私は早起きができません。

_____

(2) 私の父はピアノを弾くことができます。

_____

(3) あなたの自転車を使ってもいいですか。

_____

7 音声を聞いて，それに対する答えを書きましょう。

(1) No, _____ _____ .

(2) Yes, _____ _____ .

③ have to ~ /must 「~しなければならない」

 ## ✔ チェックしよう!

 CHECK 1 have to ~ / must

- 「~しなければなりません」は,〈have to ＋動詞の原形~ .〉で表す。
- 現在の文で,主語が三人称単数のときは has to,過去の文では主語に関わらず had to を使う。

> You **have to** read the book. （あなたはその本を読まなければなりません。）
> He **has to** read the book. （彼はその本を読まなければなりません。）
> He **had to** read the book. （彼はその本を読まなければなりませんでした。）

- 「~しなければなりません」は,助動詞 must を使って表すこともできる。〈must ＋動詞の原形~ .〉の語順。must は主語が何であっても形が変わらない。

> He **must** read the book.
> （彼はその本を読まなければなりません。）

> must の過去形はないよ。
> 「しなければならなかった」と
> 言うときは,had to を使おう。

 CHECK 2 have to ~ / has to ~の否定文・疑問文

- 否定文は,〈don't[doesn't] have to ＋動詞の原形~ .〉で表し,「~しなくてもよいです,~する必要はありません」という意味になる。

> You **don't have to** get up early. （あなたは早く起きなくてもいいです。）

- 疑問文は,〈Do[Does] ＋主語＋ have to ＋動詞の原形~ ?〉の語順。

> **Do** you **have to** get up early? （あなたは早く起きなければなりませんか。）

 CHECK 3 must の否定文・疑問文

- 否定文は,must のあとに not を置いて〈must not ＋動詞の原形~ .〉で表し,「~してはいけません」と禁止の意味になる。must not の短縮形は mustn't。

> You **must not** run here. （あなたはここで走ってはいけません。）

- 疑問文は,must を主語の前に置き〈Must ＋主語＋動詞の原形~ ?〉の語順。

> **Must** I help him? （彼の手伝いをしなければなりませんか。）

CHECK 1

1 次の日本文に合うように，（　　）内から適する語を選びましょう。

(1) 私はその仕事を終えなければなりません。

I （have / must） finish the work.

(2) リナは犬を洗わなければなりません。

Rina must （washes / wash） her dog.

(3) トムとマイはもう帰宅しなければなりません。

Tom and Mai （have / has） to go home now.

(4) エミはお母さんを手伝わなければなりません。

Emi （have / has） to help her mother.

CHECK 2

2 次の英文の日本語訳を書きましょう。

(1) Do you have to call Mr. Yamada?

あなたは山田さんに（　　　　　　　　　　　　　　　　　　）。

(2) They don't have to come here.

彼らはここに（　　　　　　　　　　　　　　　　　　）。

(3) She doesn't have to cook dinner.

彼女は夕食を（　　　　　　　　　　　　　　　　　　）。

(4) Did he have to stay at home yesterday?

彼は昨日，家に（　　　　　　　　　　　　　　　　　　）。

CHECK 3

3 次の英文を，（　　）内の指示に合うように書きかえましょう。

You must join the party.

(1) （疑問文に）

_____

(2) （否定文に）

_____

(3) （(2)で作った否定文を日本語に）

（　　　　　　　　　　　　　　　　　　　　　　　　）

✏️ 練習問題

1 ▶ 次の日本文に合うように，（　　）内から適する語（句）を選びましょう。

(1) 私はピアノの練習をしなければなりません。

I （can / must） practice the piano.

(2) あなたは英語を話さなくてもよいです。

You （must not / don't have to） speak English.

(3) 私たちはそのケーキを食べてはいけません。

We （must not / don't have to） eat the cake.

(4) 私は今，宿題をしなければなりませんか。

（Must / Do） I do my homework now?

2 ▶ 次の英文の日本語訳を書きましょう。

(1) Naoko has to carry these books.

直子はこれらの（　　　　　　　　　　　　　　　　　　　　）。

(2) You must not watch TV now.

あなたは今，（　　　　　　　　　　　　　　　　　　　　）。

(3) Do I have to wait here?

私はここで（　　　　　　　　　　　　　　　　　　　　）。

3 ▶ 次の日本文に合うように，＿＿＿ に適する語を書きましょう。

(1) ケンは彼女にプレゼントを買わなければなりません。

Ken ＿＿＿＿＿ ＿＿＿＿＿ buy a present for her.

💡(2) 遅れてはいけません。
ヒント
You ＿＿＿＿＿ ＿＿＿＿＿ ＿＿＿＿＿ late.

(3) 私は昨日，病院に行かなければなりませんでした。

I ＿＿＿＿＿ ＿＿＿＿＿ go to the hospital yesterday.

(4) 私たちは毎日空手の練習をしなければなりません。

We ＿＿＿＿＿ ＿＿＿＿＿ *karate* every day.

(5) 私は彼らに手紙を書かなければなりませんか。

＿＿＿＿＿ ＿＿＿＿＿ write a letter to them?

> 空欄の数から，
> don't have to ～と
> must not の
> 使い分けを考えよう。

💡 **3** ▶ (2) late は動詞ではなく形容詞で，be 動詞と一緒に使うよ。
ヒント

4 次の日本文に合うように，（　　）内の語（句）を並べかえましょう。ただし，文頭にくる語は大文字で始めましょう。

(1) 私は駅まで走らなければなりませんでした。

(had / the station / I / to / run / to) .

_____ .

(2) あなたのお姉さんは，日曜日に働かなければなりませんか。

(on / work / does / to / your sister / have) Sundays?

_____ Sundays?

(3) あなたは 8 時に家を出なければなりません。

(at / you / leave / eight / must / home) .

_____ .

5 次の英文を，（　　）内の指示に合うように書きかえましょう。

(1) He studies math today. （「～しなければならない」という意味の6語の文に）

_____

(2) She must go there. （過去の文に）

_____

(3) You have to eat all. （「～しなくてもよい」という意味の文に）

_____

6 次の日本文の英語訳を（　　）内の語数で書きましょう。

(1) あなたたちはここで泳いではいけません。（4語）

_____

(2) 彼はこの本を読まなければなりませんか。（7語）

_____

7 音声を聞いて，その内容に合うように _____ に適する語を書きましょう。

(1) Takeshi _____ _____ his homework after dinner.

(2) He _____ _____ to clean his room.

1

疑問詞 what

✔ チェックしよう！

CHECK 1 What is 〜 ?

- 疑問詞とは，「何」，「いつ」，「どこ」などを具体的にたずねるときの言葉で，文頭に置く。疑問詞を使った疑問文に対する答えは，Yes や No は使わず，具体的な〈もの〉を答える。
- 疑問詞 what は「何」という意味で，〈もの〉をたずねるときに使う。what is の短縮形は what's。

> What is this? （これは何ですか。）— It is a *sensu*. （扇子です。）

CHECK 2 What do you 〜 ?

- 「あなたは何を〜しますか」とたずねるときは，〈What do you ＋一般動詞〜 ?〉の語順。

> What do you want? （あなたは何が欲しいですか。）
> — I want some water. （私は水が欲しいです。）

- 主語が三人称単数のときは does，過去形のときは did を使って疑問文を作る。

> What does Peter have in his bag?
> （ピーターはかばんの中に何を持っていますか。）
> — He has a dictionary. （彼は辞書を持っています。）

> この他に，進行形や can, will などを使って，What の疑問文を作ることもできるよ。

CHECK 3 What ＋名詞〜 ?

- What のあとに名詞を置いて疑問文を作ることもできる。

> What cartoon is your favorite?
> （あなたのお気に入りのアニメは何ですか。）
> — It's "DRAGON BALL". （「ドラゴンボール」です。）

- 「何時ですか」と時刻をたずねるときは，〈What time is it?〉の語順。答えるときは，〈It is[It's] 〜 .〉。

> What time did you eat lunch? （あなたは何時に昼食を食べましたか。）
> — I ate it at one. （1時に食べました。）

- 曜日，日付も，What を使ってたずねることができる。

> What day is it today? （今日は何曜日ですか。）
> — It's Tuesday. （火曜日です。）
> What's the date today? （今日は何月何日ですか。）
> — It's July 15. （7月15日です。）

> 曜日と日付をたずねる文は，そのまま覚えてしまおう！

CHECK 1

1 次の日本文に合うように，_____に適する語を書きましょう。

(1) あれは何ですか。　　　　　　　　_____ _____ that?

(2) ((1)に答えて）それは鳥です。　　　_____ is a bird.

(3) これは何ですか。　　　　　　　　_____ this?

(4) ((3)に答えて）それは消しゴムです。　_____ an eraser.

CHECK 2

2 次の日本文に合うように，（　　）内から適する語を選びましょう。

(1) あなたは何を勉強しますか。　　What（are / do）you study?

(2) 彼女は何を欲しがっていますか。　What does she（want / wants）？

(3) あなたたちは何を作りましたか。　What（do / did / were）you make?

(4) あなたは何を買いたいですか。　　What do you（have / like / want）to buy?

CHECK 3

3 次の日本文に合う正しい英文をア〜ウから選び，記号で答えましょう。

(1) あなたは何色が好きですか。

ア　What do you color?

イ　Do you like what color?

ウ　What color do you like?　　　　　　　　　　［　　　　　］

(2) 今日は何月何日ですか。

ア　What day is it today?

イ　What's the date today?

ウ　What is today?　　　　　　　　　　　　　　［　　　　　］

(3) あなたの弟は何時に寝ますか。

ア　What time does your brother go to bed?

イ　Does your brother go to bed what time?

ウ　What time your brother goes to bed?　　　　［　　　　　］

✏ 練 習 問 題

1 ▷ 次の応答文が成り立つように， _____ に適する語を ⌐⌐⌐⌐⌐ 内から選びましょう。

> 答えの文を
> よく見てね！

(1) What _____ do you like?　　— I like red.

(2) What _____ did you see?　　— I saw lions.

(3) What _____ is it?　　— It's ten.

(4) What _____ does he eat?　　— He eats bananas.

(5) What _____ can you speak?　　— I can speak Chinese.

> fruit　　time　　color　　language　　animal

2 ▷ 次の日本文に合うように， _____ に適する語を書きましょう。

(1) あなたは何時にお風呂に入りますか。

What _____ do you _____ a bath?

(2) トムは何を見たがっていますか。

What _____ Tom _____ to watch?

(3) あなたはどんな日本食が料理できますか。

_____ Japanese food _____ you cook?

(4) あなたたちは何のゲームをしましたか。

_____ game _____ you play?

3 ▷ 次の英文を下線部を問う疑問文に書きかえるとき， _____ に適する語を書きましょう。

(1) This is a pencil case.

_____ this?

(2) He goes to school at eight.

What _____ _____ he _____ to school?

(3) You want coffee.

_____ _____ you want?

4 ▶ 次の日本文に合うように，（　　）内の語（句）を並べかえましょう。ただし，文頭にくる語は大文字で始めましょう。

(1) 横井先生は何の教科を教えますか。

(Ms. Yokoi / subject / teach / what / does) ?

_____ ?

(2) あなたは何時に家に帰るつもりですか。

(time / home / will / you / what / go) ?

_____ ?

(3) あの生徒たちは何を見ているのですか。

(are / what / students / looking / those / at) ?

_____ ?

5 ▶ 次の英文の日本語訳を書きましょう。

(1) What animal does he have?

(　　　　　　　　　　　　　　　　　　　　　　　　　）

(2) What day is it today?

(　　　　　　　　　　　　　　　　　　　　　　　　　）

6 ▶ 次の英文の下線部を問う疑問文を英語で書きましょう。

(1) You get up at six.

_____

(2) He is using a camera.

_____

(3) It's October 10 today.

_____

7 ▶ 音声を聞いて，それに対する答えとして最も適切なものを
ア〜ウから選び記号で答えましょう。

ア　I like apples.

イ　I like volleyball.

ウ　I have a tennis racket.　　　　　[　　　　　]

第7章 疑問詞

2 疑問詞 who/how/when/where/which/whose

 チェックしよう！

CHECK 1 Who

・疑問詞 who は「誰」という意味で，〈人〉をたずねるときに使う。who is の短縮形は who's。

> Who is that woman? （あちらの女性は誰ですか。）
> — She is John's sister. （彼女はジョンのお姉さんです。）

CHECK 2 How

・疑問詞 how は「どのように」，「どのくらい」という意味で，〈方法・手段〉や〈程度・状態〉をたずねるときに使う。how is の短縮形は how's。

> How is your school? （学校はどうですか。） — It's fun. （楽しいです。）
> How do you go to school? （あなたはどうやって学校に行きますか。）
> — By bike. （自転車で行きます。）

・how を使った疑問文には，次のようなものもある。
〈How old 〜 ?〉「何歳ですか」，〈How long 〜 ?〉「どれくらい長く〜ですか」，〈How many ＋名詞の複数形〜 ?〉「いくつの…を〜ですか」，〈How much 〜 ?〉「いくらですか」。

CHECK 3 When, Where, Which, Whose

・疑問詞 when は「いつ」，where は「どこ」，which は「どちら，どれ」，whose は「誰の，誰のもの」という意味。

> When is Halloween? （ハロウィンはいつですか。）
> — It's in October. （10月です。）
> Which book did you read? （どの本を読みましたか。）
> — I read "Bochan". 『坊っちゃん』を読みました。）
> Whose cap is this? （これは誰の帽子ですか。）
> — It's mine. （私のです。）

> この表は，P28 の代名詞と一緒に覚えよう！

● 「〜のもの」という意味の代名詞

私のもの	あなた(たち)のもの	彼のもの	彼女のもの	私たちのもの	彼(彼女)らのもの	トムのもの
mine	yours	his	hers	ours	theirs	Tom's

CHECK 1

1 次の日本文に合うように，_____ に適する語を書きましょう。

(1) ゴメスさんとは誰ですか。

_____ is Mr. Gomez?

(2) 誰がこの箱を作ったのですか。

_____ _____ this box?

CHECK 2

2 次の日本文に合うように，（　　）内から適する語を選びましょう。

(1) これはいくらですか。

How（much / many）is this?

(2) どれくらいそこに滞在しましたか。

How（many / long）did you stay there?

(3) 何本のペンが欲しいですか。

How many（pen / pens）do you want?

(4) 彼は何歳ですか。

How（old / year）is he?

CHECK 3

3 次の英文の日本語訳を完成させましょう。

(1) Which is yours?

（　　　　　　　　　）があなたのものですか。

(2) Whose desk is that?

あれは（　　　　　　　）机ですか。

(3) How do I use this?

これを（　　　　　　　）使うのですか。

(4) When did you see her?

あなたは（　　　　　　　）彼女に会いましたか。

CHECK 3

4 次の語句を英語に直しましょう。

(1) 彼のもの _____

(2) 私のもの _____

(3) 私たちのもの _____

(4) 彼らのもの _____

(5) 彼女のもの _____

4 (6)「（人）のもの」は，
アポストロフィ〈'〉を使って表すよ。

(6) ケン（Ken）のもの _____

✏️ 練習問題

1 ▶ 次の日本文に合うように，＿＿＿＿ に適する語を書きましょう。

(1) その少年は誰ですか。

＿＿＿＿＿＿ is the boy?

(2) あなたは CD を何枚持っていますか。

＿＿＿＿＿＿ ＿＿＿＿＿＿ CDs do you have?

> 「何枚」は「いくつ」と同じで数をたずねているよ。

(3) あなたは先週どこに行きましたか。

＿＿＿＿＿＿ did you go last week?

(4) あなたの誕生日はいつですか。

＿＿＿＿＿＿ is your birthday?

(5) あなたは，そのケーキをどうやって作ったのですか。

＿＿＿＿＿＿ did you make the cake?

2 ▶ 次の疑問文に対する答えとして最も適するものをア～キから選び，記号で答えましょう。

(1) How old are you?　　　　（　　　）　　　ア　I like grapes.

(2) When did you buy the bag?　（　　　）　　　イ　The left one is.

(3) Which bike is yours?　　（　　　）　　　ウ　He's from Canada.

(4) How did she come here?　（　　　）　　　エ　I'm fifteen.

(5) Where is Tom from?　　　（　　　）　　　オ　Last month.

(6) What fruit do you like?　（　　　）　　　カ　It's Thursday.

(7) What day is it today?　　（　　　）　　　キ　By bus.

3 ▶ 次の英文の（　　）内から適する語(句)を選びましょう。

(1) Whose book is this?　— It's（my mother / my mother's）.

(2) （What / Who）is the tall man?　— He is Kenta.

(3) （Where / When）is the drug store?　— It's next to the post office.

💡 **2** ▶ イ このときの one は，前に出た名詞を繰り返すときに使う語だよ。

4 次の日本文に合うように，（　　）内の語（句）を並べかえましょう。ただし，文頭にくる語は大文字で始めましょう。

(1) あなたはその映画をいつ見ましたか。

(you / the movie / when / see / did) ?

_____?

(2) あなたはどうやって中国語を学んだのですか。

(Chinese / you / did / how / learn) ?

_____?

(3) あなたはリンゴをいくつ買うつもりですか。

(many / are / buy / how / you / apples / going / to) ?

_____?

5 次の英文の日本語訳を書きましょう。

(1) Which season do you like, summer or winter?

(　　　　　　　　　　　　　　　　　　　　　　　　　　)

(2) Where do they practice the guitar?

(　　　　　　　　　　　　　　　　　　　　　　　　　　)

(3) How is the weather today?

(　　　　　　　　　　　　　　　　　　　　　　　　　　)

6 次の英文の下線部を問う疑問文を書きましょう。

(1) The festival is in July.

_____

(2) That woman is Ms. Suzuki.

_____

(3) You went to the park by car.

_____

7 音声を聞いて，それに対する答えとして最も適切なものをア〜ウから選び記号で答えましょう。

(1) _____　(2) _____　(3) _____

ア　In his room.　イ　I have two.　ウ　It's hers.

第8章 接続詞
when/if/because/that

✔ チェックしよう!

CHECK 1 「時」を表す接続詞 when
- 単語と単語や，文と文をつなぐ働きをする言葉を接続詞という。
- 「〜のとき…」と言うとき，〈When ＋主語＋動詞〜，主語＋動詞….〉または〈主語＋動詞…when ＋主語＋動詞〜 .〉の語順。

> When I came home, my mother was cooking.
> (＝ My mother was cooking when I came home.)
> (私が帰宅したとき，母は料理をしていました。)

接続詞を文頭に置くときは，2つの文の切れ目にコンマをつけるよ。

CHECK 2 「条件」を表す接続詞 if
- 「もし〜なら…」と言うときは，接続詞 if を使う。
- if 〜 の部分は，未来のことであっても現在形で表す。

> If it is sunny tomorrow, we will play tennis.
> (もし明日晴れなら，私たちはテニスをします。)

when だけでなく，if と because も，前後の文を入れ替えることができるよ。

CHECK 3 「理由，原因」を表す接続詞 because
- 「〜なので…」と言うときは，接続詞 because を使う。

> I like soccer because it is fun.
> (楽しいので，私はサッカーが好きです。)

- Why 〜? 「なぜ〜」の疑問文に，〈Because ＋主語＋動詞〜 .〉で答えることもできる。

> Why do you like soccer?　　— Because it is fun.
> (あなたはなぜサッカーが好きなのですか。)　(楽しいからです。)

CHECK 4 接続詞 that
- 接続詞 that は「〜ということ」という意味。接続詞の that は省略することができる。

> I think (that) he is cool.　(私は，彼がかっこいいと思います。)

- 接続詞 that を使って次のような表現ができる。このときも that は省略できる。
◇ be sure that 〜 「〜だと(いうことを)確信している，きっと〜だ」
◇ be glad[happy] that 〜 「〜してうれしい」
◇ be sorry that 〜「〜して残念だ」　　◇ be surprised that 〜「〜して驚いている」

1 次の日本文に合うように，_____ に適する語を書きましょう。

(1) あなたはひまなとき何をしますか。

_____ do you do _____ you are free?

(2) あなたが大阪に来るときは，私に電話してください。

Call me _____ you _____ to Osaka.

(3) 私は若いとき，沖縄に住んでいました。

When _____ _____ young, I lived in Okinawa.

2 次の日本文に合うように，_____ に適する語を書きましょう。

(1) もし動物が好きなら，動物園に行きましょう。

Let's go to the zoo _____ you _____ animals.

(2) もし彼女の名前を知っていたら，教えてください。

_____ you _____ her name, please tell me.

(3) もし明日寒ければ，私は家にいます。

_____ _____ cold tomorrow, I'll stay home.

3 次の日本文に合うように，（　　）内の語を並べかえましょう。ただし，文頭にくる語は大文字で始めましょう。

(1) 私は新しい車を手に入れたので，うれしいです。

I'm happy (got / car / because / new / I / a) .

I'm happy _____.

(2) あなたはなぜ英語が好きなのですか。　― おもしろいからです。

Why do you like English?　― (is / because / it / interesting) .

Why do you like English?　― _____.

4 次の英文の日本語訳を書きましょう。

(1) I think that the game will start soon.

私は，まもなく試合が（　　　　　　　　　　　　　　　　）。

(2) I know that he is famous.

私は，（　　　　　　　　　　　　　　　　）と知っています。

✏️ 練習問題

1 ▶ 次の英文の続きとして最も適するものをア～エから選び，記号で答えましょう。

(1) When you are free, _____. （　　） | ア　that basketball is fun

(2) I know _____. （　　） | イ　we can't go shopping

(3) Because my bike is old, _____. （　　） | ウ　I want a new one

(4) If it rains tomorrow, _____. （　　） | エ　please come to my house

2 ▶ 次の日本文に合うように，_____ に適する語を書きましょう。

(1) 私は，彼女が明日学校に来るといいなと思います。
   I _____ _____ she will come to school tomorrow.

(2) 私は5歳のとき，空手を始めました。
   I started *karate* _____ _____ was five.

(3) もし明日晴れたら，あなたは何をしますか。
   _____ it _____ sunny tomorrow, what will you do?

(4) あなたはなぜ冬が好きなのですか。　― スキーができるからです。
   Why do you like winter?　― _____ I _____ ski.

3 ▶ 次の英文の日本語訳を完成させましょう。

(1) When my brother came home, I was taking a bath.
   （　　　　　　　　　　　　　　　　　　　），私はお風呂に入っていました。

(2) I'm very hungry because I didn't have lunch.
   私はとてもおなかがすいています。
   なぜなら，（　　　　　　　　　　　　　　　　　） です。

(3) I was sorry that they lost the game.
   彼らが試合に負けて，（　　　　　　　　　　　　　　　　）。

(4) If you have time, will you help me?
   （　　　　　　　　　　　　　　），私を手伝ってくれませんか。

💡 **4** ▶ (5) ，（コンマ）があるので，接続詞を文頭に置くよ。

4 ▶ 次の日本文に合うように，（　　）内の語を並べかえましょう。ただし，文頭にくる語は大文字で始めましょう。

(1) あなたは，彼が正しいと思いますか。

(think / is / he / you / right / do) ?

_____ ?

(2) 私は病気だったので家にいました。

I (because / home / I / was / stayed) sick.

I _____ sick.

(3) ケイコがとても上手に歌うので，私は驚きました。

(very / was / sang / I / that / Keiko / surprised) well.

_____ _____ well.

(4) もし明日雨だったら，私は外出しません。

(rains / out / if / won't / I / it / tomorrow / go) .

_____ .

(5) あなたが電話をくれたとき，私は夕食を食べていました。

(called / I / when / me / eating / was / you / dinner / ,) .

_____ .

5 ▶ （　　）内の語数の英語を入れて，次の日本文の英語訳を完成させましょう。

(1) あなたがもし疲れているなら，私が手伝いましょう。（4語）

I'll help you _____ .

(2) 私たちは熱心に勉強しなければならないと思います。（6語）

I think _____ .

6 ▶ 音声を聞いて，それが答えになる疑問文として最も適切なものをア～ウから選び記号で答えましょう。

ア　What will you do if you have time tomorrow?

イ　Why do you stay home?

ウ　What do you do when you are free?　　[　　　]

SVC・SVOO・SVOC

✔ チェックしよう！

- 英語の語順のルールを文型という。文型は，次の4つの要素で成り立つ。
  S：主語　　V：動詞　　O：目的語　　C：補語

 SVC

- 「～に見える」というとき，〈look ＋形容詞〉〈look like ＋名詞〉で表す。

> You look happy today.　(あなたは今日幸せそうに見えます。)
> That stone looks like a ball.　(あの石はボールのように見えます。)

- この形の文では，他に，〈sound ＋形容詞〉「～に聞こえる」「(聞いて) ～に感じる」，〈taste ＋形容詞〉「～の味がする」などの表現がある。

> SVCは，動詞を be 動詞に置きかえても文が成り立つのが特徴だよ。

 SVOO

- 「AにBを～する」というとき，〈動詞＋A＋B〉の語順で表す。
  この形をとる主な動詞には，give（あげる），show（見せる），teach（教える），buy（買う），make（作る）などがある。Aが代名詞のときは，目的格(me, him, her など) の形にする。〈動詞＋A＋B〉は〈動詞＋B＋ to[for] ＋A〉と言いかえることができる。

> I gave him a book.　＝ I gave a book to him.
> (私は彼に本をあげました。)

＜ to をとる動詞＞　give, show, teach など（相手がいないとできない行動）
＜ for をとる動詞＞ buy, make, read など（やろうと思えば一人でもできる行動）

CHECK 3 **SVOC**

- 「AをBと呼ぶ」というときは，〈call ＋A＋B〉の語順で表す。Aが代名詞のときは，目的格(me, him, her など) の形にする。
- この形の文では，「A＝B」という関係が成り立つ。他に，〈name ＋A＋B〉「AをBと名づける」，〈make ＋A＋B〉「AをBにする」などの表現がある。

> We call her Meg.　(私たちは彼女をメグと呼びます。)
> That news made us surprised.　(そのニュースは私たちを驚かせました。)

確認問題

CHECK
1

1 次の日本文に合うように，（　　）内から適する語を選びましょう。

(1) あなたは眠そうですね。

You look（sleepy / hungry / tired）.

(2) 彼はうれしそうです。

He（look / looks / looking）glad.

(3) それはおもしろそうに聞こえますね。

That（listens / hears / sounds）interesting.

(4) あれはペンのように見えます。

That looks（at / like / for）a pen.

CHECK
2

2 次の日本文に合うように，＿＿＿ に適する語を ┈┈ 内から選び，適切な形に変えて書きましょう。ただし，変える必要がないものはそのまま書くこと。

(1) 私はあなたに写真を何枚か見せましょう。

I'll ＿＿＿＿ you some pictures.

(2) 私に昼食を作ってくれますか。

Can you ＿＿＿＿ lunch for me?

(3) 彼は私たちに英語を教えてくれます。

He ＿＿＿＿ us English.

(4) ミカは彼にそのプレゼントをあげました。

Mika ＿＿＿＿ him the present.

(5) 彼は私に T シャツを買ってくれました。

He ＿＿＿＿ me a T-shirt.

┌──────────┐
│　make　　│
│　buy　　　│
│　show　　 │
│　give　　 │
│　teach　　│
└──────────┘

CHECK
3

3 次の日本文に合うように，＿＿＿ に適する語を書きましょう。

(1) 母は私をナナと呼びます。

My mother ＿＿＿＿ me Nana.

(2) 私たちは彼をケンと呼びます。

We call ＿＿＿ ＿＿ Ken.

(3) あなたたちは，その犬をポチと名づけましたか。

Did you ＿ ＿＿＿＿ the dog Pochi?

(4) 彼の言葉は私を感動させました。

His words ＿＿＿＿ me moved.

練習問題

1 ▶ 次の記号が指す語をア〜エの中から選び，記号で答えなさい。

(1) S （　　） (2) V （　　） (3) O （　　） (4) C （　　）

ア 動詞　　イ 主語　　ウ 補語　　エ 目的語

2 ▶ 次の英文の _____ に，to か for のどちらかを書きましょう。

(1) Ms. Yoshinaga teaches music _____ us.

(2) My father sometimes makes dinner _____ me.

(3) Will you show the pictures _____ me?

3 ▶ 次の日本文に合うように， _____ に適する語を書きましょう。

(1) 私たちは彼のネコをタマと呼びます。

We _____ his cat Tama.

(2) 彼女にそのカードを見せてあげてもいいですか。

Can I _____ _____ the card?

(3) その音楽はどのように聞こえますか。

_____ does the music _____ ?

(4) 祖母は何度も私にこの本を読んでくれました。

My grandmother _____ _____ this book many times.

4 ▶ 次の英文の日本語訳を完成させましょう。

(1) Can you give me some water?

（　　　　　　　　　　　　　　　　　　）くれませんか。

(2) What do you call the temple?

あなたはその寺を（　　　　　　　　　　　　　　　）。

(3) The students looked excited at the soccer game.

生徒たちはそのサッカーの試合に（　　　　　　　　　　　　　　　　　　）。

ヒント **6** ▶ (4) 「あなたはなぜ怒っている」→「何があなたを怒らせた」と考えよう。

5 次の英文を，（　　）内の指示に合うように書きかえましょう。

(1) <u>You</u> look busy. （下線部を Your father に変えて）

_____

(2) I gave him the watch. （to か for を使ってほぼ同じ意味の文に）

_____

(3) I was sad because I heard the news. （The news を主語にして同じ内容の文に）

_____

(4) Mr. Carter is their math teacher. （ＳＶＯＯの文型で同じ内容の文に）

_____

6 次の日本文に合うように，（　　）内の語を並べかえましょう。
ただし，不要な語が 1 語ずつ入っています。
また，文頭にくる語は大文字で始めましょう。

> **6** (2)「〜の味がする」は taste を使うよ。

(1) 私たちはこの食べ物をたこ焼きと呼びます。
(call / *takoyaki* / we / food / name / this) .

_____ .

(2) この梅干しはとてもすっぱい味がします。
(sour / *umeboshi* / very / like / this / tastes) .

_____ .

(3) トムは妹にその CD を買ってあげました。
(to / bought / sister / the / Tom / his / for / CD) .

_____ .

💡(4) あなたはなぜそんなに怒っているのですか。
(angry / you / why / so / made / what) ?

_____ ?

7 音声を聞いて，聞き取った英語を書きましょう。

(1) Can you _____ after school?

(2) You _____ today.

スマホでサクッとチェック：P2　　67

① 不定詞の用法

✔ チェックしよう！

● 〈to ＋動詞の原形〉を不定詞といい，３つの用法がある。

名詞的用法「〜すること」
・〈to ＋動詞の原形〉で「〜すること」という意味を表すことができる。
・〈want to 〜〉「〜したい」，〈like to 〜〉「〜することが好きだ」，〈need to 〜〉「〜する必要がある」，〈start[begin] to 〜〉「〜し始める」，〈try to 〜〉「〜しようとする」などのように使う。
・〈to ＋動詞の原形〉を主語にすることもできる。

〈to ＋動詞の原形〉を主語にするときは，三人称単数として扱うよ。

> I want to play tennis.
> （私はテニスをしたいです。）
> To play tennis is fun.
> （テニスをすることは楽しいです。）

副詞的用法「〜するために，〜して」
・〈to ＋動詞の原形〉で「〜するために」と目的を表したり，「〜して…」と感情の原因を表したりすることができる。

> I visited Kyoto to see my friends.
> （私は友だちに会うために京都を訪れました。）
> I was happy to see my friends.
> （私は友だちに会えて幸せでした。）

不定詞が感情の原因を表す文では，不定詞の前に「感情を表す形容詞」を置くよ。

・目的を表す不定詞は，〈Why 〜 ?〉の疑問文への答えとして使うこともできる。

> Why did you go to the convenience store?
> （あなたはなぜコンビニに行ったのですか。）
> ― To buy juice. （ジュースを買うためです。）

形容詞的用法「〜するための，すべき」
・〈to ＋動詞の原形〉で「〜するための，〜すべき」という意味を表すことができる。名詞の後ろに不定詞を置き，後ろから前の名詞を修飾する。

> We have a lot of work to do today. （私たちは今日すべき仕事がたくさんあります。）
> I need something to eat. （私は何か食べるものが必要です。）

✏ 確認問題

CHECK 1

1 次の日本文に合うように，（　　）内から適する語を選びましょう。

(1) ヨウコはテレビを見ることが好きです。
　　Yoko likes to（watch / watches）TV.

(2) 彼は歩き始めました。
　　He（tried / started）to walk.

(3) 私はその映画を見たいです。
　　I（want / need）to see the movie.

(4) ゲームをすることはわくわくします。
　　To play games（is / are）exciting.

CHECK 2

2 次の英文の日本語訳を完成させましょう。

(1) Tom came to Japan to learn Japanese culture.
　　トムは（　　　　　　　　　　　　　　　）日本に来ました。

(2) We were surprised to see the dancer.
　　私たちはそのダンサーに（　　　　　　　　　　　　）。

(3) Why did you visit Tokyo?　— To meet my uncle.
　　あなたはなぜ東京を訪れたのですか。　—（　　　　　　　　　　　　　）。

CHECK 3

3 次の日本文に合う正しい英文をア〜ウから選び，記号で答えましょう。

(1) あなたはすべきことがたくさんありますか。
　　ア　Do you have to many things?
　　イ　Do you have many things to do?
　　ウ　Do you do many things to have?　　　　　　　[　　　　]

(2) 京都には見るべき寺がたくさんあります。
　　ア　There are many temples to see in Kyoto.
　　イ　There are to see many temples in Kyoto.
　　ウ　There are in Kyoto many temples to see.　　　[　　　　]

(3) 何か冷たい飲み物はいかがですか。
　　ア　Do you want cold something to drink?
　　イ　Do you want something to drink cold?
　　ウ　Do you want something cold to drink?　　　　[　　　　]

✏ 練習問題

1 次の日本文に合うように，（　　　）内から適する語（句）を選びましょう。

(1) 彼は何か飲むものを欲しがっています。

He wants something （to drinks / to drink）．

(2) 私はピザが食べたいです。

I （start to / want to）eat pizza.

(3) 運動をしにジムに行きましょう。

Let's go to the gym （to exercise / exercising）．

(4) 英語を話すことは難しいです。

To speak English （are / is）difficult.

> 不定詞の形は〈to ＋動詞の原形〉だよ。

2 次の日本文に合うように，＿＿＿＿ に適する語を書きましょう。

(1) あなたはなぜ彼女に電話したのですか。　― 今日の宿題についてたずねるためです。

Why did you call her?　― ＿＿＿＿＿＿ ＿＿＿＿＿ her about today's homework.

(2) あなたはそれを聞いて驚きましたか。

Were you surprised ＿＿＿＿＿ ＿＿＿＿＿ that?

(3) 彼は昨日，病院に行く必要がありましたか。

Did he ＿＿＿＿＿ ＿＿＿＿＿ go to the hospital yesterday?

(4) あなたに伝えたいことが１つあります。

I have a thing ＿＿＿＿＿ ＿＿＿＿＿ you.

(5) 絵を描くことと料理をすることが私の趣味です。

＿＿＿＿＿ draw pictures and to cook ＿＿＿＿＿ my hobbies.

3 次の英文と同じ用法の不定詞を用いた文をア～ウから選び，記号で答えましょう。

(1) Hideo likes to take pictures.　　　　　　　　　　（　　　　）

(2) Miyoko was moved to read this book.　　　　　　（　　　　）

(3) I have some CDs to lend you.　　　　　　　　　（　　　　）

　　ア　When will you begin to make dinner?

　　イ　Can you give me something to eat?

　　ウ　My dog is always angry to see strangers.

3 不定詞の用法は，「名詞的用法」「副詞的用法」「形容詞的用法」の３つだったね。

4 次の日本文に合うように，（　　）内の語を並べかえましょう。ただし，文頭にくる語は大文字で始めましょう。

(1) 私はその話を聞いてうれしかったです。

(glad / story / I / the / hear / to / was) .

_____ .

(2) 彼は音楽を聞くことが好きですか。

(does / music / he / to / to / like / listen) ?

_____ ?

(3) 私はあなたたちに話すことはありません。

(you / I / anything / tell / have / to / don't) .

_____ .

5 次の英文の日本語訳を書きましょう。

(1) My job is to write novels.

(　　　　　　　　　　　　　　　　　　　　　　　　　　　　)

(2) I have a lot of homework to do today.

(　　　　　　　　　　　　　　　　　　　　　　　　　　　　)

(3) My sister tried to go out alone.

(　　　　　　　　　　　　　　　　　　　　　　　　　　　　)

6 次の日本文の英語訳を（　　）内の語数で書きましょう。

(1) 私はあなたに見せるための何枚かの写真を持っています。（7語）

_____

(2) 英語を勉強することは大切です。（5語）

_____

(3) 私たちはサッカーをするために公園に行きました。（8語）

_____

7 クミのスピーチ文を聞いて，その内容に合うように，（　　）に適する日本語を書きましょう。

クミは次の休日に（　　　　　　　　）を買いに（　　　　　　　　）に行きたいと思っているので，それまでに（　　　　　　　　）を終わらせる必要がある。

きこう！
音声データ

いろいろな不定詞

 チェックしよう！

 CHECK 1 It is … to ～ .

- 〈It is… (for—) to ～ .〉で「(—にとって) ～することは…です」という意味を表す。It は形だけの主語で,「それは」とは訳さない。不定詞の部分を主語として「～は」と訳す。

> It is <u>difficult</u> for <u>me</u> to play the guitar. （私にとってギターを弾くことは難しいです。）

- 〈It is… (for—) to ～ .〉の文は,〈To ～ is… (for—).〉と同じ意味を表す。

> To play the guitar is <u>difficult</u> for <u>me</u>.
> （私にとってギターを弾くことは難しいです。）

> for のあとに代名詞がくるときは，目的格だよ。

● .... でよく使われる形容詞

> interesting （おもしろい）, important （重要な, 大切な）,
> easy （簡単な）, hard （大変な）, exciting （わくわくする）,
> wonderful （すばらしい）, necessary （必要な） など

 CHECK 2 疑問詞 + to

- 〈how to ＋動詞の原形〉で「どのように～するか, ～する方法, ～の仕方」という意味を表す。

> I know how to use a computer. （私はコンピュータの使い方を知っています。）

- how の他にいろいろな疑問詞を使って次の表現ができる。
  - ◇ 〈what to ～〉「何を～すべきか [すればいいか]」
  - ◇ 〈where to ～〉「どこで～すべきか [すればいいか]」
  - ◇ 〈when to ～〉「いつ～すべきか [すればいいか]」
  - ◇ 〈which to ～〉「どれを～すべきか [すればいいか]」

> Do you know where to buy it. （どこでそれを買えばいいか, 知っていますか。）

- 連語の疑問詞を使って〈疑問詞＋不定詞〉の形を作ることもできる。

> Can you tell me which train to take? （どの電車に乗ればいいか, 教えてもらえますか。）
> I don't know what time to get there. （何時にそこに着くのか, 私は知りません。）

確認問題

CHECK 1

1 次の日本文に合うように，（　　）内から適する語（句）を選びましょう。

(1) 私にとって早起きすることは簡単です。

It is easy（to / for）me to get up early.

(2) カレーを作ることは難しいですか。

Is（it / that）difficult to make curry?

(3) 本を読むことはおもしろいです。

It is interesting（reading / to read）books.

(4) 注意深く聞くことは大切です。

It's（important / exciting）to listen carefully.

CHECK 2

2 次の日本文に合うように，＿＿＿＿に適する語を書きましょう。

(1) その店で何を買うのか，覚えていますか。

Do you remember ＿＿＿＿＿ to buy at that shop?

(2) 私はどこで本を読んだらいいか，知りたいです。

I want to know ＿＿＿＿＿ to read books.

(3) 私たちはどちらの道を選ぶべきか，決めることができません。

We cannot decide ＿＿＿＿＿ way to choose.

(4) 彼はその漢字の読み方を知りません。

He doesn't know ＿＿＿＿＿ to read the *kanji*.

(5) どうやってこれを書くのか，教えてもらえませんか。

Can you tell me ＿＿＿＿＿ to write this?

(6) 何時に出発するのか，誰が知っていますか。

Who knows ＿＿＿＿＿ ＿＿＿＿＿ to start?

CHECK 2

3 次の英文の日本語訳を完成させましょう。

(1) I asked him where to take pictures.

私は（　　　　　　　　　　　　　　　　　），彼にたずねました。

(2) Can you show me how to play the game?

（　　　　　　　　　　　　　　　　　）私に見せてくれませんか。

(3) I'll tell you what to see in Kyoto.

（　　　　　　　　　　　　　　　　　），あなたに教えましょう。

✏ 練習問題

1 ▶ 次の英文の（　）内から適する語（句）を選びましょう。

不定詞〈to ＋動詞の原形〉を使った表現だよ。

(1)　All the students know (where / what) to go.

(2)　It was not easy (climbing / to climb) the mountain.

(3)　He told me how (using / to use) it.

(4)　Do you want to know (which to buy pen / which pen to buy) ?

2 ▶ 次の日本文に合うように，（　）内の語を並べかえましょう。ただし，文頭にくる語は大文字から始めましょう。

(1)　その部屋の掃除をすることが必要です。

(necessary / it's / to) clean the room.

_____ clean the room.

(2)　いつ始めるべきか，彼女に伝えましたか。

Did you tell (when / start / her / to) ?

Did you tell _____ ?

(3)　その単語の読み方を私は覚えています。

I remember (the / to / read / word / how) .

I remember _____ .

3 ▶ 次の日本文に合うように，_____ に適する語を書きましょう。

(1)　私はあなたに，速く走る方法を見せることができます。

I can show you _____ _____ run fast.

(2)　あなたにとって外国の人々と話すことはおもしろいですか。

Is _____ interesting _____ you _____ talk with foreign people?

(3)　((2)に答えて) はい，おもしろいです。

Yes, _____ _____ .

💡(4)　あなたたちはいくらお金を持っていくか決めましたか。

Did you decide on _____ _____ money to take?

(5)　明日までにこれを終わらせるのは大変です。

_____ finish this by tomorrow _____ hard.

74　💡 **3** ▶ (4) 「いくら」と値段をたずねる言い方は何だったかな。

4 次の日本文に合うように，（　　）内の語を並べかえましょう。ただし，文頭にくる語は大文字で始めましょう。

(1) 毎日運動することは大切ですか。

(important / day / is / to / every / exercise / it)？

_____ ？

(2) 彼女はどちらの箱を選んだらいいか知りませんでした。

(which / didn't / she / choose / know / box / to)．

_____ ．

(3) あなたたちに，すき焼きの作り方をお見せしましょう。

(you / *sukiyaki* / to / I'll / how / show / make)．

_____ ．

5 次の英文の日本語訳を書きましょう。

(1) Can you tell us where to get the ticket?

(　　　　　　　　　　　　　　　　　　　　　　　　　　　　　　）

(2) It was easy for us to answer the question.

(　　　　　　　　　　　　　　　　　　　　　　　　　　　　　　）

6 次の英文を，（　　）内の指示に合うように書きかえましょう。

(1) To use a smartphone is difficult for me.
（It から始めてほぼ同じ意味の文に）

_____

(2) How do I get to the park? Please tell me that.
（不定詞を使ってほぼ同じ内容の一文に）

_____

7 音声を聞いて，それに対するあなた自身の答えを，
3語の英語で書きましょう。

(1) _____

(2) _____

③ 動名詞

✔ チェックしよう！

 動名詞「〜すること」

・〈動詞の ing 形〉で「〜すること」という意味を表し，これを動名詞という。

> I like playing the piano. （私はピアノを弾くことが好きです。）
> My hobby is reading magazines. （私の趣味は雑誌を読むことです。）
> Singing is fun. （歌うことは楽しいです。）

 前置詞＋動名詞

・前置詞（in, at, for など）のあとに動詞を置くときは，必ず動名詞にする。

> He is good at cooking. （彼は料理が得意です。）

〈look forward to〉の to は不定詞の to ではないよ。

◇〈be good at ＋動名詞〉「〜することが得意だ」
◇〈be interested in ＋動名詞〉「〜に興味がある」
◇〈Thank you for ＋動名詞〉「〜してくれてありがとう」
◇〈look forward to ＋動名詞〉「〜するのを楽しみにしている」 など

 動名詞と不定詞の使い分け

・「〜すること」は，動名詞の他に不定詞〈to ＋動詞の原形〉で表すこともできるが，どちらを使うかは，その前の動詞によって決まっている。また，前置詞のあとに不定詞は使えない。

a．不定詞のみをとる動詞
　　◇ want（〜したい）　◇ hope（〜することを望む）
　　◇ decide（〜することを決める）など

> I want to go to Hokkaido. （私は北海道に行きたいです。）

b．動名詞のみをとる動詞
　　◇ enjoy（〜して楽しむ）　◇ finish（〜し終える）
　　◇ stop（〜することをやめる）　など

> We enjoyed watching the movie. （私たちはその映画を見ることを楽しみました。）

c．不定詞と動名詞の両方をとる動詞
　　◇ like（〜することが好き）　◇ begin（〜し始める）
　　◇ start（〜し始める）　など

> Keiko likes to cook.／Keiko likes cooking. （ケイコは料理をすることが好きです。）

CHECK 1

1 次の英文の日本語訳を完成させましょう。

(1) My dream is visiting your country.
私の夢はあなたの国を（　　　　　　　　　　　　）です。

(2) Swimming well is difficult.
（　　　　　　　　　　　　　）は難しいです。

(3) Does your brother like seeing movies?
あなたのお兄さんは，（　　　　　　　　　　　　）が好きですか。

(4) I don't like studying math.
私は（　　　　　　　　　　　　　）が好きではありません。

(5) Cleaning the bathroom is my job.
浴室を（　　　　　　　　　　　　　　　　　　　）。

CHECK 2

2 次の日本文に合うように，（　　）内から適する語を選びましょう。

(1) 今日は来てくれてありがとう。
Thank you（to / for）coming today.

(2) 彼は日本語を話すのが得意ですか。
Is he good（at / in）speaking Japanese?

(3) 私は鳥を見ることに興味があります。
I'm interested（in / to）watching birds.

(4) あなたに会うのを楽しみにしています。
I'm looking forward to（meet / meeting）you.

CHECK 3

3 次の英文の（　　）内から適する語（句）を選びましょう。

(1) I always enjoy（to read / reading）books after dinner.

(2) Do you（like / enjoy）to take pictures?

(3) Tom wants（to buy / buying）a new racket.

(4) You have to finish（to eat / eating）lunch by one o'clock.

(5) I tried（to answer / answering）the question, but I couldn't.

(6) My father is good at（to play / playing）the drums.

練習問題

1 ▶ 次の英文の（　）内から適する語（句）を選びましょう。

(1) I hope (to see / seeing) you again.

(2) (To using / Using) a computer is easy for John.

(3) Erika is good at (dance / dancing) .

(4) Do you want (to eat / eating) *sushi*?

(5) Stop (play / playing) the video game.

> 前置詞のあとに動詞を置くときは，必ず動名詞だったね。

2 ▶ 次の日本文に合うように，＿＿＿＿ に適する語を書きましょう。

(1) 彼らは居間を掃除し終えました。
They finished ＿＿＿＿＿ the living room.

(2) 彼女の趣味は料理をすることです。
Her hobby is ＿＿＿＿＿.

(3) 私たちは7時に家を出発しようと決めました。
We decided ＿＿＿＿＿ ＿＿＿＿＿ home at seven.

(4) 彼は何も言わずに出ていきました。
He went out without ＿＿＿＿＿ anything.

3 ▶ 次の英文を（　）内の指示に合うように書きかえるとき，＿＿＿＿ に適する語を書きましょう。

(1) To run is fun. （ほぼ同じ意味の文に）
＿＿＿＿＿ ＿＿＿＿＿ fun.

(2) Ami loves reading comics. （ほぼ同じ意味の文に）
Ami loves ＿＿＿＿＿ ＿＿＿＿＿ comics.

(3) We ate the cakes. （「～して楽しんだ」という意味の文に）
We ＿＿＿＿＿ ＿＿＿＿＿ the cakes.

2 ▶ (4) without は「～なしで」という意味の前置詞だよ。

4 ▷ 次の日本文に合うように，（　　）内の語を並べかえましょう。ただし，文頭にくる語は大文字で始めましょう。

(1) 昨夜，私に電話してくれてありがとう。

(for / thank / me / calling / last / you) night.

_____ night.

(2) あなたたちにとって野球をするのは楽しいですか。

(you / is / playing / fun / for / baseball) ?

_____ ?

(3) 先生が来たら，話すのをやめなさい。

(the / when / talking / teacher / comes / stop) .

_____ _____ .

5 ▷ 次の英文の日本語訳を書きましょう。

(1) Is he interested in studying Japanese culture?

(　　　　　　　　　　　　　　　　　　　　　　　　　　)

(2) It started raining two hours ago.

(　　　　　　　　　　　　　　　　　　　　　　　　　　)

(3) Finish doing your homework before going to bed.

(　　　　　　　　　　　　　　　　　　　　　　　　　　)

6 ▷ 次の日本文の英語訳を（　　）内の語数で書きましょう。

私の兄は英語を話すのが得意です。（7語）

_____

7 ▷ 音声のケン（Ken）とメアリー（Mary）の対話を聞いて，
その内容に合うように _____ に適する語を書きましょう。

きこう♪
音声データ

(1) Mary is good at _____.
(2) Ken is good at _____ _____.

スマホでサクッとチェック：P2

79

第11章 比較

比較級と最上級

✔ チェックしよう！

CHECK 1 比較級

・2つのものを「…よりも～だ」と比べるときは，多くの場合，形容詞や副詞に (e)r をつけて比較級にし，〈比較級＋ than ＋比べる対象〉で表す。

> Canada is larger than America.
> （カナダはアメリカよりも広いです。）

> famous, beautiful, important, useful なども長い語だよ。

・つづりの長い語の比較級は，〈more ＋原級〉の形で表す。

> English is more interesting than math. （英語は数学よりも面白いです。）

CHECK 2 最上級

・3つ以上のものを比べて「最も～だ」というときは，多くの場合，形容詞や副詞に (e)st をつけて最上級にし，〈the ＋最上級〉で表す。

> Mt. Fuji is the highest mountain in Japan.
> （富士山は日本で最も高い山です。）

> 〈in ＋場所や範囲を表す語句〉
> 〈of ＋ all や複数を表す語句〉
> というルールだよ。

・つづりの長い語の最上級は，〈most ＋原級〉の形で表す。

> Science is the most difficult of all subjects.
> （理科はすべての教科の中で最も難しいです。）

CHECK 3 不規則変化

・good と well の比較級は better，最上級は best を使う。

> You sings better than me. （あなたは私よりも上手に歌います。）
> You sings the best in our class. （あなたはクラスで最も上手に歌います。）

CHECK 4 like を使った表現

・「…よりも～が好き」というときは，〈like ～ better than…〉で表す。

> I like baseball better than soccer. （私はサッカーよりも野球が好きです。）

・「～が最も好き」というときは，〈like ～ the best〉で表す。

> He likes baseball the best of all sports. （彼はすべてのスポーツの中で野球が最も好きです。）

✏ 確認問題

CHECK 1-3

1 次の語の比較級と最上級を書きましょう。ただし，2語になることもあります。

(1) fast　　比較級 _____　　最上級 _____

(2) big　　比較級 _____　　最上級 _____

(3) easy　　比較級 _____　　最上級 _____

(4) famous　比較級 _____　　最上級 _____

(5) difficult　比較級 _____　　最上級 _____

(6) good　　比較級 _____　　最上級 _____

CHECK 1-2

2 次の日本文に合うように，_____ に適する語を書きましょう。

(1) 私の犬は彼女の犬よりも小さいです。
　　My dog is _____ _____ hers.

(2) ユウキは彼の家族の中で最も背が高いです。
　　Yuki is _____ _____ _____ his family.

(3) あなたは3人の中で最も年上ですか。
　　Are you _____ _____ _____ the three?

(4) スマートフォンは本よりも役に立ちます。
　　Smartphones are _____ _____ _____ books.

(5) グリーン先生は私たちの学校で最も人気があります。
　　Ms. Green is _____ _____ _____ _____ our school.

CHECK 3-4

3 次の英文の日本語訳を完成させましょう。

(1) Jun is the best basketball player in our class.

　　ジュンは（　　　　　　　　　　　　　　　　　　）バスケットボール選手です。

(2) His idea is better than mine.

　　彼のアイデアは（　　　　　　　　　　　　　　　　　　）です。

(3) I like summer better than winter.

　　私は（　　　　　　　　　　　　　　　　　　　　　　　　）。

✏ 練習問題

1 次の語の比較級と最上級を書きましょう。ただし，2語になることもあります。

(1) large　　　比較級 _____　最上級 _____

(2) heavy　　　比較級 _____　最上級 _____

(3) strong　　　比較級 _____　最上級 _____

(4) useful　　　比較級 _____　最上級 _____

(5) well　　　　比較級 _____　最上級 _____

> 比較級と最上級の形をもう一度確かめてみよう。

2 次の英文の（　）内から適する語（句）を選びましょう。

(1) This bag is (newer / newest) than that one.

(2) That building is the (taller / tallest) in this town.

(3) The novel is the most (good / moving) of all.

(4) Question 1 is (more / most) difficult than Question 2.

(5) Bob plays the guitar (better / the best) in our school.

(6) Do you like *udon* (better / the best) than *soba*?

(7) Horyu-ji is the oldest temple (in / of) Japan.

(8) She likes red the best (in / of) all colors.

3 次の日本文に合うように，_____ に適する語を書きましょう。

(1) 名古屋は東京よりも暑いです。

It's _____ in Nagoya _____ Tokyo.

(2) セイヤは4人の中で最も速く走ることができます。

Seiya can run _____ _____ _____ the four.

(3) 彼女はアメリカで最も上手な歌手です。

She is _____ _____ _____ in America.

(4) 私は音楽よりも体育が好きです。

I _____ P.E. _____ than music.

💡 **5** (1) 1月…January　(3) 早く起きる…get up early

4 次の日本文に合うように，(　　)内の語を並べかえましょう。ただし，文頭にくる語は大文字で始めましょう。

(1) この道路は私たちの町で最も長いです。

(road / longest / our / this / is / in / the / town) ．

_____ ．

(2) 私は果物の中でバナナが最も好きです。

(the / bananas / fruits / I / best / all / like / of) ．

_____ ．

(3) この城はあの城よりも古いですか。

(that / this / older / one / is / castle / than) ？

_____ ？

(4) 私にとってあなたの言葉は彼の言葉よりも大切です。

(word / your / important / his / than / more / is) to me.

_____ to me.

5 次の日本文の英語訳を (　　) 内の語を使い，(　　) 内の語数で書きましょう。

(1) 2月は1月よりも寒いです。(February ／ 5語)

_____

(2) すべての中でその物語が最も面白いです。(story ／ 8語)

_____

(3) 私は私の家族の中で最も早く起きます。(get ／ 8語)

_____

6 音声を聞いて，その内容に合うように，_____ に Susan または Mark のどちらかを書きましょう。

(1) _____ is older than _____ ．

(2) _____ is taller than _____ ．

2 第11章 比較

比較の疑問文／as ～ as…

✔ チェックしよう!

 比較の疑問文
- 2つのものを比べて「AとBではどちら（の…）の方が（より）～か」とたずねるときは，〈Which ～比較級, A or B ?〉で表す。
- 3つ以上のものを比べて「どれが最も～」とたずねるときは，〈Which ～ the ＋最上級＋ in[of]…?〉で表す。

> Which is longer, the Shinano river or the Tone river?
> （信濃川と利根川では，どちらが長いですか。）
> Which is the most interesting in these novels?
> （これらの小説の中で，どれが最も面白いですか。）

> ものを比較するときでも，選択肢を与えない質問では，Which の代わりにWhat を使うよ。

- 人について比較するときは，Which の代わりに Who を使う。

> Who is older, Ken or Ryo?
> （ケンとリョウでは，どちらが年上ですか。）

 as ～ as…
- 2つのものを比べて「…と同じくらい～」というときは，〈as ＋原級＋ as…〉で表す。

> China is as large as America.
> （中国はアメリカと同じくらいの広さです。）

> 〈not as ～ as…〉の文を，「…と同じくらい～ではない」とは訳さないようにしよう。

- 〈as ～ as…〉の否定文は，「…ほど～ではない」という意味になる。

> Peaches are not as delicious as apples.
> （モモはリンゴほどおいしくありません。）

 比較の文の書きかえ
- 比較の文は，意味が同じになるように書きかえることができる。

> Ken doesn't get up as early as Ryo.
> （ケンはリョウほど早く起きません。＝リョウの方が早い）
> = Ryo gets up earlier than Ken. （リョウはケンよりも早く起きます。）
> = Ken gets up later than Ryo. （ケンはリョウよりも遅く起きます。）

CHECK 1

1 次の日本文に合うように，＿＿＿＿ に適する語を書きましょう。

(1) ナツミの家とアキコの家では，どちらが広いですか。

＿＿＿＿＿ is larger, Natsumi's house ＿＿＿＿＿ Akiko's house?

(2) ３人の中で誰が最も速く泳ぎますか。

＿＿＿＿＿ swims ＿＿＿＿＿ ＿＿＿＿＿ of the three?

(3) あなたの人生で最も大切なものは何ですか。

＿＿＿＿＿ is the ＿＿＿＿＿ ＿＿＿＿＿ in your life?

(4) あなたはジャイアンツとタイガースでは，どちらが好きですか。

＿＿＿＿＿ do you like ＿＿＿＿＿, Giants ＿＿＿＿＿ Tigers?

CHECK 2

2 次の英文に合う日本文をア〜ウから選び，記号を書きましょう。

Dictionaries are not as convenience as computers.

ア 辞書はコンピュータと同じくらい便利です。

イ 辞書はコンピュータよりも便利です。

ウ 辞書はコンピュータほど便利ではありません。 [　]

CHECK 3

3 次の英文とほぼ同じ内容を表す文をア〜ウから選び，記号を書きましょう。

(1) I think dogs are prettier than cats.

ア I think dogs are as pretty as cats.

イ I think cats aren't as pretty as dogs.

ウ I think cats are the prettiest of all animals. [　]

(2) This movie isn't as exciting as that one.

ア This movie is more boring than that one.

イ This movie is more exciting than that one.

ウ That movie is as exciting as this one. [　]

✏️ 練習問題

1 ▷ 次の英文の（　　）内から適する語（句）を選びましょう。

(1) Which are you (busier / busiest), yesterday or today?

(2) (Which / Who) is the youngest in this team?

(3) (What / Who) color do you like the best?

(4) Your hair is (as short as / shorter / the shortest) mine.

(5) That ground is not as (bigger / the biggest / big) as this one.

2 ▷ 次の日本文に合うように，＿＿＿＿ に適する語を書きましょう。

(1) タクヤは彼のお父さんと同じくらい背が高いです。
   Takuya is ＿＿＿＿＿＿ ＿＿＿＿＿＿ ＿＿＿＿＿＿ his father.

(2) あなたはキリンとゾウでは，どちらが好きですか。
   ＿＿＿＿＿＿ do you ＿＿＿＿＿＿ ＿＿＿＿＿＿, giraffes ＿＿＿＿＿＿ elephants?

(3) この学校で，誰が最も上手にテニスをしますか。
   ＿＿＿＿＿＿ plays tennis ＿＿＿＿＿＿ ＿＿＿＿＿＿ ＿＿＿＿＿＿ this school?

(4) オーストラリアは中国ほど広くありません。
   Australia ＿＿＿＿＿＿ ＿＿＿＿＿＿ ＿＿＿＿＿＿ ＿＿＿＿＿＿ China.

💡(5) 大谷選手は最も人気のある野球選手のひとりです。
   Mr. Otani is ＿＿＿＿＿＿ ＿＿＿＿＿＿ the ＿＿＿＿＿＿ popular baseball players.

3 ▷ 次の英文がほぼ同じ意味になるように，＿＿＿＿ に適する語を書きましょう。

まずは上の文を日本語に訳して，2つ（2人）の関係を調べてみよう。

(1) Mr. Ito is older than my father.
   My father is ＿＿＿＿＿＿ ＿＿＿＿＿＿ Mr. Ito.

(2) Akira is 165 cm tall. Wataru is also 165 cm tall.
   Wataru is ＿＿＿＿＿＿ ＿＿＿＿＿＿ ＿＿＿＿＿＿ Akira.

(3) My car isn't as new as yours.
   ＿＿＿＿＿＿ car is newer than ＿＿＿＿＿＿ .

4 次の英文の日本語訳を書きましょう。

(1) What flower do you like the best?

(　　　　　　　　　　　　　　　　　　　　　　　　　　　)

(2) She cooks as well as my mother.

(　　　　　　　　　　　　　　　　　　　　　　　　　　　)

(3) These pictures are not as beautiful as those pictures.

(　　　　　　　　　　　　　　　　　　　　　　　　　　　)

5 次の日本文に合うように，（　　）内の語（句）を並べかえましょう。ただし，文頭にくる語は大文字で始めましょう。

(1) 数学と理科では，どちらが面白いですか。

(math / which / interesting / is / or / more / ,) science?

_____ science?

(2) これは日本で最も有名な歌のひとつです。

(most / of / songs / this / famous / is / the / one) in Japan.

_____ in Japan.

(3) ピーターはジョンほど若くありません。

(not / young / is / Peter / John / as / as) .

_____ .

(4) 10 問の中で，どれが最も難しい問題ですか。

(question / the / is / of / most / the ten / which / difficult) ?

_____ ?

6 音声を聞いて，その内容に合うように，（　　）に適する日本語を [　　] 内から選びましょう。

(1) アレックスにとって，（　　　　　　）よりも日本語が面白い。

(2) アレックスにとって，日本語と同じくらい（　　　　　　）が面白い。

英語　　数学　　歴史

第 12 章 受け身

「〜される」

✔ チェックしよう！

 肯定文

・〈be 動詞＋動詞の過去分詞〉で「〜される」という意味になる。
これを受け身の文という。

> This gym is used every day. （この体育館は毎日使われます。）

・主語が複数のときは，be 動詞を are / were にする。

> The games are played in Japan.
> （それらのゲームは日本で遊ばれています。）

> 過去分詞には，原形の語尾に ed をつける規則動詞と，特殊な変化をする不規則動詞があるよ。

・過去のことを受け身で表すときは，be 動詞を過去形にする。

> The window was broken yesterday. （その窓は昨日壊されました。）

 否定文

・受け身の否定文は，be 動詞のあとに not を置いて「〜されない」という意味になる。

> English is not spoken in Brazil. （ブラジルでは英語は話されません。）

 疑問文

・受け身の疑問文は，be 動詞を主語の前に置いて「〜されますか」という意味になる。
・受け身の疑問文には，be 動詞を使って答える。

> Are many stars seen from here? （ここからたくさんの星が見えますか。）
> — Yes, they are. / No, they aren't.
> （はい，見えます。） （いいえ，見えません。）

> 否定文・疑問文の作り方は，進行形のときと似ているね。

 受け身でよく使う不規則動詞の過去分詞

・規則動詞の過去分詞は，過去形と同じで (e)d をつける。不規則動詞の過去分詞は，過去形と同じものもあれば，異なるものもある。

> make → made （作る）   eat → eaten （食べる）
> know → known （知っている）   write → written （書く）
> sell → sold （売る）   teach → taught （教える）
> build → built （建てる）   read → read [*red*] （読む）

1 次の日本文に合うように，＿＿＿＿ に適する語を ⌐‾‾⌐ 内から選び，必要に応じて形を変えて書きましょう。

(1) その犬はチャ太郎と呼ばれています。

The dog ＿＿＿＿＿＿ called Chataro.

(2) その靴は昨日まで売られていました。

The shoes ＿＿＿＿＿＿ sold until yesterday.

(3) 日本語はオーストラリアで勉強されています。

Japanese is ＿＿＿＿＿＿ in Australia.

(4) この本は 1980 年に書かれました。

This book was ＿＿＿＿＿＿ in 1980.

(5) 彼らは毎年そのパーティーに招待されます。

They are ＿＿＿＿＿＿ to the party every year.

is
are
was
were
write
invite
study

2 次の英文を，（　　　）内の指示に合うように書きかえましょう。

Baseball is played in France.

(1) （否定文に）

＿＿＿＿＿＿＿＿＿＿＿＿＿＿＿＿＿＿＿＿＿＿＿＿＿＿＿＿

(2) （疑問文に）

＿＿＿＿＿＿＿＿＿＿＿＿＿＿＿＿＿＿＿＿＿＿＿＿＿＿＿＿

(3) （(2)で作った疑問文に Yes で答える文に）

＿＿＿＿＿＿＿＿＿＿＿＿＿＿＿＿＿＿＿＿＿＿＿＿＿＿＿＿

3 次の動詞の過去分詞を書きましょう。

(1) like ＿＿＿＿＿＿＿

(2) know ＿＿＿＿＿＿＿

(3) read ＿＿＿＿＿＿＿

(4) see ＿＿＿＿＿＿＿

✏️ 練習問題

1 ▶ 次の動詞の過去分詞を書きましょう。

(1) love _____

(2) find _____

(3) break _____

(4) give _____

2 ▶ 次の日本文に合うように，_____ に適する語を書きましょう。

(1) この教室は毎週月曜日に使われます。
This classroom _____ _____ on Mondays.

(2) その車はアメリカで作られました。
The car _____ _____ in America.

(3) その店ではマンガは売られていません。
Comics _____ _____ _____ in the store.

(4) 寿司はヨーロッパで食べられていますか。
_____ *sushi* _____ in Europe?

(5) あなたのかばんは盗まれましたか。
_____ your bag _____?

(6) ((5)に答えて) いいえ，ちがいます。
No, _____ _____.

> 文の主語の単数・複数や
> 時制に注目しよう。

3 ▶ 次の英文の日本語訳を書きましょう。

(1) The movie is seen all over the world.

(　　　　　　　　　　　　　　　　　　　　　　　　　　)

💡(2) Smartphones weren't used twenty years ago.

(　　　　　　　　　　　　　　　　　　　　　　　　　　)

💡(3) Why was he laughed?

(　　　　　　　　　　　　　　　　　　　　　　　　　　)

💡 **3** ▶ (2) smartphone…スマートフォン　(3) laugh…笑う

4 ▶ 次の日本文に合うように，（　　）内の語（句）を並べかえましょう。ただし，文頭にくる語は大文字で始めましょう。

(1) あの病院は昨年建てられました。

(hospital / was / year / that / last / built) ．

_____ ．

(2) これらの歌は若者の間で好かれています。

(people / these / are / songs / young / liked / among) ．

_____ ．

(3) その小説は日本では読まれていません。

(not / Japan / read / the / in / is / novel) ．

_____ ．

(4) ニュージーランドでは何の言語が話されていますか。

(New Zealand / language / is / what / spoken / in) ？

_____ ？

5 ▶ 次の日本文の英語訳を（　　）内の語を使い，（　　）内の語数で書きましょう。

(1) 彼の息子はユウスケと名づけられました。（Yusuke ／5語）

_____

(2) そのニュースは私たちの学校では知られていません。（in ／7語）

_____

(3) あれらのドアはいつ開けられましたか。（those ／5語）

_____

6 ▶ 音声を聞いて，それに対する答えの文になるように，_____ に適する語を書きましょう。

(1) No, _____ _____ ．

(2) _____ _____ _____ science.

2 by「〜によって」／助動詞を含む受け身

✔ チェックしよう！

 CHECK 1 by「〜によって」

・受け身の文〈be 動詞＋過去分詞〉のあとに by 〜を置いて,「〜によって」
という意味を加える。

> The song is loved by many people. （その歌は多くの人によって愛されています。）

・「〜によって」がわからないときや明らかにする必要がないときは,
by 〜が省略される。

> *Shogi* is played in Japan. ※文末に〈by Japanese〉が省略されている。
> （将棋は日本で遊ばれています。）

 CHECK 2 助動詞を含む受け身

・助動詞を含む受け身の文は,〈助動詞＋ be ＋過去分詞〉の語順。
〈can be ＋過去分詞〉：「〜されることができる」
〈must be ＋過去分詞〉：「〜されなければならない」「〜されるにちがいない」
〈will be ＋過去分詞〉：「〜されるだろう」「〜される予定だ」
〈may be ＋過去分詞〉：「〜されるかもしれない」

> The box will be made by tomorrow. （その箱は明日までに作られる予定です。）
> The DVD must be sold in that shop.
> （そのＤＶＤはあの店で売られているにちがいありません。）
> Can Skytree be seen from your house?
> （あなたの家からスカイツリーが見えるのですか。）

 CHECK 3 受け身の文の作り方

・ふつうの文から受け身に書きかえる手順は以下の通り。
①もとの文の目的語を主語にする
②動詞を〈be 動詞＋過去分詞〉にする
③もとの文の主語を by 以下に続ける

> Ken uses this computer.
> （ケンはこのコンピュータを使います。）
> → This computer is used by Ken.
> （このコンピュータはケンによって使われます。）

> 「目的語」とは,
> 一般動詞の動作の対象を
> 表す名詞のことだよ。

✏️ 確認問題

① CHECK 1 次の日本文に合うように，＿＿＿＿ に適する語を書きましょう。

(1) この朝食はサキによって作られました。

This breakfast ＿＿＿＿＿ made ＿＿＿＿＿ Saki.

(2) この本は夏目漱石によって書かれたのですか。

＿＿＿＿＿ this book ＿＿＿＿＿ ＿＿＿＿＿ Natsume Soseki?

(3) 数学は高田先生によって教えられます。

Math ＿＿＿＿＿ ＿＿＿＿＿ ＿＿＿＿＿ Ms. Takada.

(4) リンゴは青森で栽培されています。

Apples ＿＿＿＿ ＿＿ grown ＿＿＿＿＿ Aomori.

② CHECK 2 次の英文に合うように，（　　　）内から適する日本語を選びましょう。

(1) The juice can be bought in a convenience store.
そのジュースはコンビニで（買うことができます／買われる予定です）。

(2) What time will that door be closed?
あのドアは何時に（閉められるべきですか／閉められる予定ですか）。

(3) This room may be used next Friday.
この部屋は次の金曜日に使われる（にちがいありません／かもしれません）。

③ CHECK 3 次の英文を書きかえて受け身になるよう，＿＿＿＿ に適する語を書きましょう。

(1) Many students use the library.
= The library ＿＿＿＿＿ ＿＿＿＿＿ by ＿＿＿＿＿ ＿＿＿＿＿.

(2) Shin ate the cake.
= The cake ＿＿＿＿＿ ＿＿＿＿＿ by ＿＿＿＿＿.

> 🗨 ③(3)否定文である
> ことにも注意しよう。

(3) We don't know his name.
= His name ＿＿＿＿＿ ＿＿＿＿＿.

1 ▶ 次の日本文に合うように，＿＿＿＿ に適する語を書きましょう。

(1) 彼は父親によってレンと名づけられました。
He ＿＿＿＿＿ named Ren ＿＿＿＿＿ his father.

(2) その映画は多くの日本人に好まれていますか。
＿＿＿＿＿ the movie ＿＿＿＿＿ ＿＿＿＿＿ many Japanese?

(3) この部屋はリナによって掃除されませんでした。
This room ＿＿＿＿＿ ＿＿＿＿＿ ＿＿＿＿＿ Rina.

(4) これらの窓は誰によって割られたのですか。
Who ＿＿＿＿＿ these windows broken ＿＿＿＿＿?

(5) サムはみんなに好かれているにちがいありません。
Sam ＿＿＿＿＿ ＿＿＿＿＿ liked by everyone.

(6) 次のオリンピック大会は 2024 年に開かれる予定です。
The next Olympic Games ＿＿＿＿＿ ＿＿＿＿＿ held ＿＿＿＿＿ 2024.

2 ▶ 次の英文を受け身の文に書きかえましょう。

(1) Many people visit Kyoto.

＿＿＿＿＿＿＿＿＿＿＿＿＿＿＿＿＿＿＿＿＿＿＿＿＿＿

(2) Mr. Brown teaches English.

＿＿＿＿＿＿＿＿＿＿＿＿＿＿＿＿＿＿＿＿＿＿＿＿＿＿

(3) I must finish my homework today.

＿＿＿＿＿＿＿＿＿＿＿＿＿＿＿＿＿＿＿＿＿＿＿＿＿＿

💡(4) She didn't make the dinner.
ヒント

＿＿＿＿＿＿＿＿＿＿＿＿＿＿＿＿＿＿＿＿＿＿＿＿＿＿

💡(5) Does your brother read these books?
ヒント

＿＿＿＿＿＿＿＿＿＿＿＿＿＿＿＿＿＿＿＿＿＿＿＿＿＿

3 ▶ 次の英文の日本語訳を書きましょう。

(1) Soccer is played by people all over the world.

　　(　　　　　　　　　　　　　　　　　　　　　　　　　　　　　)

(2) Is *sashimi* eaten by foreign people?

　　(　　　　　　　　　　　　　　　　　　　　　　　　　　　　　)

(3) That building will be built by next month.

　　(　　　　　　　　　　　　　　　　　　　　　　　　　　　　　)

4 ▶ 次の日本文に合うように，（　　）内の語（句）を並べかえましょう。ただし，文頭にくる語は大文字で始めましょう。

(1) 『高瀬舟』は森鷗外によって書かれました。
　　("Takasebune" / written / Mori Ogai / by / was) .

　　_____ .

(2) この言語はカナダでは話されていないかもしれません。
　　(in / this / not / language / be / Canada / may / spoken) .

　　_____ .

(3) これらの皿は誰によって洗われましたか。
　　(these / by / washed / dishes / were / who) ?

　　_____ ?

5 ▶ 次の日本文の英語訳を（　　）内の語を使い，（　　）内の語数で書きましょう。

(1) この犬はたくさんの子どもたちに愛されています。(loved ／7語)

　　_____

(2) ここで月を見ることができますか。(seen ／6語)

　　_____

6 ▶ 音声を聞いて，その内容と同じ意味になるように，_____ に適する
語を書きましょう。

きこう♪
音声
データ

Books _____ _____ _____ him every day.

初版
第1刷　2021年12月1日　発行

●編　者
　　数研出版編集部
●カバー・表紙デザイン
　　株式会社クラップス

発行者　星野　泰也

ISBN978-4-410-15549-9

とにかく基礎 中1・2の総まとめ　英語

発行所　数研出版株式会社

〒101-0052 東京都千代田区神田小川町2丁目3番地3
　　　　　〔振替〕00140-4-118431
〒604-0861 京都市中京区烏丸通竹屋町上る大倉町205番地
〔電話〕代表（075）231-0161
ホームページ　https://www.chart.co.jp
印刷　河北印刷株式会社
乱丁本・落丁本はお取り替えいたします　211001

本書の一部または全部を許可なく
複写・複製することおよび本書の
解説・解答書を無断で作成するこ
とを禁じます。

とにかく基礎　中1・2の総まとめ　英語　**答えと解説**

第1章
❶ be動詞

✏ 確認問題 ・・・・・・・・・・5ページ

1 (1) am　　(2) not
2 (1) Are you from Osaka?
　　(2) Yes, I am.
　　(3) No, I am not [I'm not].
3 (1) He　　(2) is
　　(3) Is　　(4) isn't
4 (1) I'm　　(2) you're
　　(3) that's　　(4) aren't
　　(5) isn't

✏ 練習問題 ————— 6・7ページ

1 (1) am　　(2) Are
　　(3) not　　(4) is
　　(5) isn't
2 (1) You are　　(2) This is
　　(3) I'm not　　(4) He's
　　(5) Is that　　(6) Is she
3 (1) Yes, I am.
　　(2) No, he isn't. [No, he's not.]
　　(3) No, it isn't. [No, it's not.]
4 (1) あれは犬です。
　　(2) 私は看護師ではありません。
　　(3) 彼女は疲れていますか。
5 (1) He is Masao
　　(2) That is not a fox
　　(3) Is this your camera
6 (1) I am from Tokyo.
　　(2) Are you a doctor?
　　(3) This isn't my book.
7 (1) ウ　　(2) イ
　　(3) ア

練習問題の解説

1 主語が I のときは am，you のときは are，それ以外（this，he など）のときは is を使う。否定文は，be 動詞のあとに not を置く。
2 (2) 人を紹介するときは，this を「こちら」という意味で使うこともある。
　　(3) am not の短縮形はないので，I am を短縮して語数を解答欄の数に合わせる。
　　(4) 解答欄が1つなので，he is を短縮する。
3 (3) 疑問文の主語が this，that のときは，it を主語にして答える。
5 (3) your（あなたの），my（私の）などの語は，名詞の前に置く。
6 (2) doctor の前に a をつけるのを忘れない。
7 (1) Is she a cook?（彼女はコックですか。）
　　(2) Are you sleepy?（あなたは眠いですか。）
　　(3) Is this your pencil?（これはあなたの鉛筆ですか。）

1

❷ 一般動詞

✎ 確認問題 ・・・・・・・・・9ページ

1 (1) play (2) go
(3) walk (4) have
2 (1) don't (2) do
(3) do not (4) don't play
3 (1) Do you eat pizza?
(2) Yes, I do.
(3) No, I do not [don't].

✎ 練習問題 ── 10・11ページ

1 (1) clean (2) speak
(3) enjoy (4) watch
(5) live (6) take
2 (1) run (2) Do
(3) like (4) use
(5) don't
3 (1) go (2) know
(3) listen (4) speak
4 (1) You have a cat
(2) I do not drink milk
(3) Do you play the guitar
5 (1) 私はそのコンピュータを使いません。
(2) 私は毎日英語を勉強します。
(3) あなたはその少年を知っていますか。
6 (1) I want the pen.
(2) Do you play tennis?
(3) I don't like math.
7 (1) I don't
(2) I do

練習問題の解説

2 (2) 一般動詞の play があるので，be 動詞の Are は使えない。
3 (3) listen to ～「～を聞く」。
4 (3) 「(楽器を) 弾く」は〈play the ＋楽器〉。
6 (1) 「その～」と特定のものを表すときは，名詞の前に the をつける。
7 (1) Do you play the piano?（あなたはピアノを弾きますか。）
(2) Do you eat breakfast every day?（あなたは毎日朝食を食べますか。）

第1章

❸ 三人称単数現在形

✏️ 確認問題 ・・・・・・・・・13 ページ

⭐1 (1) swims (2) wash
(3) eats (4) has
(5) studies (6) teaches
⭐2 (1) do (2) does not
(3) don't (4) doesn't
(5) know (6) She
⭐3 (1) Does she have a dog?
(2) Yes, she does.
(3) No, she does not [doesn't].

✏️ 練習問題 ——— 14・15 ページ

1 (1) eats (2) play
(3) watches (4) have
(5) studies
2 (1) makes (2) goes
(3) listen (4) play
(5) read
3 (1) Does (2) do
(3) Do (4) does
4 (1) 私の母は6時に起きます。
(2) 彼女はコンピュータを持っています
か。
(3) 彼は土曜日に公園に行きます。
5 (1) Does your father make lunch
(2) Tom listens to the CD
(3) She does not eat eggs
6 (1) She cooks breakfast.
(2) Does your brother know Yumi?
(3) He does not [doesn't] study
English.
7 (1) has (2) eats
(3) speaks

練習問題の解説

1 主語が I, you 以外で単数のときは動詞に
(e)s をつける。(2)(4)は疑問文・否定文なの
で動詞は原形にする。
2 (3) 主語の I は三人称単数ではないので，動詞
に s をつけない。
4 (1) get up「起きる」。at ＋数字「〜時に」。
5 (1) do が不要。主語が三人称単数で現在の文
なので，疑問文では does を使う。
(2) hears が不要。hear も「聞く」の意味だが，
to と一緒に使えるのは listen。
(3) eats が不要。Does を使ったら動詞は原形
に戻す。
6 (3) 否定文では動詞を原形に戻す。studies の
原形は study。
7 (1) He has a racket.（彼はラケットを持って
います。）
(2) Kumi eats curry.（クミはカレーを食べま
す。）
(3) Mr. Suzuki speaks French.（鈴木先生は
フランス語を話します。）

3

④ 過去形

✏️ **確認問題** ・・・・・・・・・・17ページ

⭐**1** (1) visited   (2) had
   (3) thought   (4) worked
   (5) made   (6) came
   (7) left   (8) watched
   (9) studied   (10) wrote

⭐**2** (1) did not   (2) Did, visit
   (3) didn't call   (4) didn't buy
   (5) Did, she did

⭐**3** (1) was   (2) Were
   (3) were   (4) was

✏️ **練習問題** ──── 18・19ページ

1 (1) watched   (2) got
   (3) ate   (4) studied
   (5) wrote

2 (1) read   (2) Did, didn't
   (3) was

3 (1) Did, visit   (2) were
   (3) didn't see

4 (1) Did you take pictures in
     Okinawa
   (2) My mother was very tired
     yesterday
   (3) I bought this camera last week

5 (1) 私は10年前，カナダに住んでいま
     した。
   (2) 彼はそのとき，先生ではありません
     でした。
   (3) 彼女は昨夜，早く寝ませんでした。

6 (1) I was busy last week.
   (2) Did you meet the man
     yesterday?
   (3) He enjoyed the party last night.

7 (1) played   (2) didn't, ate

練習問題の解説

1 英文に過去を表す語句があるときや，日本語訳が過去の意味になっているときは，動詞を過去形にする。

2 (1) read の過去形は原形と同じつづりだが，発音は〔red〕に変わる。
   (3) cold は形容詞で，be 動詞と一緒に使うことが多い。

5 (1) ～ago「～前」。ago はふつう，過去の文で使う。
   (3) go to bed「寝る」。

6 (1) 「忙しい」は busy で，be 動詞と一緒に使うことが多い。
   (2)(3) 「その」は the をつけて表す。

7 (1) What did you do in the park yesterday?（あなたは昨日，公園で何をしましたか。）
   (2) Did you eat *sushi*?（あなたはスシを食べましたか。）

❺ be動詞と一般動詞／ There is[are] 〜.の文

✏ 確認問題 ・・・・・・・・・ 21 ページ

⭐1 (1) is　　　(2) Were
(3) are　　　(4) are
(5) was

⭐2 (1) like　　　(2) visited
(3) studies　　(4) clean
(5) bought

⭐3 (1) are　　　(2) Is
(3) were

⭐4 (1) There isn't [is not] a tall tree in the park.
(2) Is there a tall tree in the park?

✏ 練習問題 ―――― 22・23 ページ

1 (1) use　　　(2) am
(3) bought　　(4) was
(5) Do　　　(6) is

2 (1) Are　　　(2) wrote
(3) There is　(4) didn't watch

3 (1) Do　　　(2) Does
(3) Are　　　(4) did
(5) Is

4 (1) その箱の中には，たくさんのボールがありますか。
(2) 彼は（毎週）土曜日は学校に行きません。

5 (1) My sister doesn't get up early
(2) Did Mr. Tanaka call you last night
(3) There are a lot of flowers in the park

6 (1) There are three books on the desk.
(2) My father washes the car.
(3) Did he write this book?

7 (1) I did　　　(2) I'm not

練習問題の解説

1 (4) be 動詞には「いる」「ある」と存在を表す意味もある。be in 〜「〜にいる」。

2 単語の意味だけでなく，時制（現在・過去），主語（三人称単数かどうか），文の種類（肯定文・疑問文・否定文）を見て，動詞の形を決める。

4 (1) There are 〜 . の文の疑問文なので，「〜がありますか」という意味になる。there 自体は訳さない。

5 (1) get up early「早く起きる」。
(3) a lot of 〜「たくさんの〜」。many と同じ意味で使う。

6 (1) be 動詞を are に変え，book に複数形の s をつける。

7 (1) Did you have breakfast today?（あなたは今日，朝食を食べましたか。）
(2) Are you tired?（あなたは疲れていますか。）

第 2 章

① 前置詞

✏ 確認問題 ・・・・・・・・・25 ページ

1
(1) to (2) in
(3) in (4) at
(5) near

2
(1) before (2) at
(3) on (4) in
(5) for

3
(1) by (2) in
(3) like (4) about
(5) for

✏ 練習問題 ──── 26・27 ページ

1
(1) under (2) about
(3) in (4) at
(5) to, on

2
(1) 授業前に (2) 3 月に
(3) 2 年間 (4) あなたのための
(5) 友だちと

3
(1) by (2) on
(3) from (4) at

4
(1) 私の兄 [弟] は 9 時から 5 時まで働きます。
(2) 私は趣味について話しました。
(3) トムは 2015 年に日本に来ました。

5
(1) There are two dogs by the door
(2) He studied math for two hours
(3) Do they speak in English

6
(1) This is a picture of my family.
(2) I get up at seven every day.

7
(1) with (2) in
(3) from

練習問題の解説

1 (1) under ～「～の下に」。
(4) 「(場所) で」は in, at のどちらも使える。in は(3)で使ったので, ここでは at を選ぶ。

2 (1) class は「クラス」の他に「授業」の意味もある。

3 (2) on は接触している状態のときに使う前置詞。必ずしも「～の上に」の意味だけではなく, 壁などに接触しているときでも使える。

4 (1) from A to B「A から B まで」。A, B には時や場所を表す語が入る。

5 (1) by ～「～のそばに」。near よりもさらに近いときに使う。

6 (1) A of B「B の A」。英語と日本語で順番が入れ替わる。

7 (1) Sing with me. (私と一緒に歌ってください。)
(2) I study in my room. (私は部屋で勉強します。)
(3) Do you come from Osaka? (あなたは大阪出身ですか。)

第3章

① 複数形／代名詞

✏️ 確認問題 ・・・・・・・・・ 29 ページ

⭐1 (1) a　　　　　(2) an
　　(3) an　　　　(4) ×
　　(5) a　　　　　(6) ×

⭐2 (1) books　　　(2) desks
　　(3) rain　　　(4) Japan
　　(5) cities　　(6) women

⭐3 (1) my　　　　(2) it
　　(3) him　　　(4) his
　　(5) us

✏️ 練習問題 ──── 30・31 ページ

1▷ (1) an　　　　(2) children
　　(3) water　　(4) their
　　(5) her　　　(6) his

2▷ (1) my　　　　(2) him
　　(3) her　　　(4) brothers

3▷ (1) balls　　(2) your
　　(3) English　(4) Her
　　(5) them　　(6) fish

4▷ (1) A lot of children came to my house
　　(2) Does his father have two cars

5▷ (1) あれは私たちの学校です。
　　(2) 私たちと一緒にバスケットボールの練習をしましょう。
　　(3) これらは私たちのラケットです。

6▷ (1) Is this your bike?
　　(2) I have two dogs.
　　(3) Did you play tennis with them?

7▷ her, She

練習問題の解説

1▷ (3) 「水」などの液体は，ふつう，数えられない名詞として扱うので，複数形にしない。
　　(5) 前置詞のあとの代名詞は，3番目の形を使う。

2▷ (3) Ms. は女性の苗字につける語で，代名詞は her になる。

3▷ (6) fish は複数でも形が変わらない。

5▷ (2) Let's は「〜しましょう」の意味。くわしくは本冊 P32 参照。
　　(3) these は this の複数形で，「これら」の意味。that の複数形は those「あれら」。

6▷ (2) 「2匹」なので dog を複数形にする。
　　(3) 「〜と」は「〜と一緒に」の意味で，前置詞 with を使う。前置詞のあとなので，代名詞は3番目の形の them になる。

7▷ Do you know my sister, Yumi?（あなたは私の妹のユミを知っていますか。）

7

第 4 章

❶ 「～しなさい」／「何て～だ！」

✏ 確認問題・・・・・・・・・33 ページ

1 (1) Clean your room.
　　(2) Use this dictionary.
　　(3) Be kind to your friends.

2 (1) 立ってはいけません
　　(2) 電話してください
　　(3) 来てください
　　(4) 見ましょう
　　(5) 入ってはいけません

3 (1) How　　(2) What
　　(3) How　　(4) What

✏ 練習問題 ──── 34・35 ページ

1 (1) How　　(2) Read
　　(3) Be　　(4) What
　　(5) Let's　　(6) Don't

2 (1) 行きましょう
　　(2) 何てかわいいのでしょう
　　(3) 遅れてはいけません
　　(4) 何て大きい

3 (1) Study　　(2) How
　　(3) Let's swim　(4) Speak, please

4 (1) Be quiet in this room
　　(2) What a kind man he is
　　(3) Write your name, please

5 (1) Bring your notebook.
　　(2) Be careful.
　　(3) Don't use your smartphone.
　　(4) Don't be afraid of mistakes.
　　(5) Let's play soccer in the park.
　　(6) What a tall woman she is!

6 (1) Get　　(2) How
　　(3) Please

練習問題の解説

1 命令文の文頭に Don't, Let's, Please を置くときは，そのあとに動詞の原形がくる。

2 (1) go shopping「買い物に行く」。
　　(2) cute「かわいい」。
　　(3) be late「遅れた」。

4 (2) kind は「やさしい，親切な」という意味の形容詞。
　　(3) コンマがあるので please は文末に置く。

5 (1)(2)(3)(4)(5) 命令文を作るときは，まず主語を取ってから文頭の語を考えるとよい。
　　(6) tall(形容詞) + woman(名詞)の形になっているので，What を使う。

6 (1) Get up early.（早く起きなさい。）
　　(2) How small the baby is!（何て小さい赤ちゃんなんでしょう。）
　　(3) Please sit here.（ここにすわってください。）

第 5 章
❶ 現在進行形・過去進行形

<svg>確認問題</svg> ・・・・・・・・37 ページ

1 (1) walking　(2) taking
(3) running　(4) dancing
(5) eating　(6) studying

2 (1) am　(2) singing
(3) taking　(4) isn't

3 (1) were studying
(2) Was, reading
(3) was raining
(4) was not
(5) weren't swimming

<svg>練習問題</svg> ———— 38・39 ページ

1 (1) swimming　(2) making
(3) walking　(4) studying
(5) writing

2 (1) are playing
(2) Was, doing
(3) isn't watching
(4) were practicing

3 (1) is writing
(2) Are, eating
(3) was cleaning

4 (1) I'm not washing dishes now
(2) He was listening to music then
(3) What are you doing now

5 (1) そのネコはいすの上で眠っています。
(2) あなたはどこでバスケットボールを
していましたか。
(3) 彼らは英語の歌を歌っています。

6 (1) My sister is running now.
(2) I was playing the piano.
(3) What were you doing then?

7 (1) I'm not
(2) I am

練習問題の解説

1 (2)(5)　e で終わる動詞の ing 形は，e をとって
ing をつける。
(4)　study は y をとらずにそのまま ing をつけ
る。

2 (1)(4)　主語が複数なので，be 動詞は are, were
を使う。
(2)　do homework「宿題をする」。ふつう，
homework の前に代名詞の 2 番目の形など
を置く。

3 (3)　then は「そのとき」と過去を表す語なので，
過去進行形の文になる。

4 (3)　what は文頭に置く。

6 (3)　**4** (3)の文が過去形になった文。

7 (1)　Are you swimming now?（あなたは今，
泳いでいますか。）
(2)　Are you studying English now?（あなた
は今，英語を勉強していますか。）

第6章

① 未来の文

✎ 確認問題 ・・・・・・・・・41 ページ

1 (1) am　　　　(2) play
　　(3) going
2 (1) I'm not　　(2) Are, run
　　(3) they are
3 (1) will　　　(2) visit
　　(3) will
4 (1) His mother won't go to the museum.
　　(2) Will his mother go to the museum?
　　(3) Yes, she will.

✎ 練習問題 ———— 42・43 ページ

1 (1) 明日　　　　(2) 来月
　　(3) 来年　　　　(4) 今週末
　　(5) 次の夏　　　(6) 1時間後
2 (1) I will　　　(2) will not
　　(3) going to　　(4) Are, talk
　　(5) will be
　　(6) are, going, do
3 (1) visit　　　(2) am
　　(3) go　　　　(4) next
　　(5) won't
4 (1) It will be sunny tomorrow
　　(2) Are you going to go shopping
　　(3) What is Kumi going to eat in Kyoto
5 (1) 彼は有名なサッカー選手になるでしょう。
　　(2) あなたは次の冬，どこに行くつもりですか。
6 (1) He is going to get up early tomorrow.
　　(2) I won't walk to school tomorrow.
　　(3) Is Yuri going to buy the bag?
7 (1) イ　　(2) ア　　(3) ウ

練習問題の解説

1 (6) 〜later「〜後」。ten minutes later「10分後」などのように使う。
2 (5) busy は「忙しい」という意味の形容詞。ふつう，be 動詞と一緒に使う。
　　(6) 「する」は do を使う。「スポーツをする」「楽器を演奏する」の意味の play を使わないようにする。
3 (4) last 〜は「前の〜」の意味で，過去の文で使う語句。next 〜は「次の〜」で，未来の文で使う語句。
5 (1) famous「有名な」。
6 (1) 8語指定なので，will ではなく be going to を使う。
　　(2) 6語指定なので，will not の短縮形の won't を使う。
7 (1) Are you going to eat pizza?（あなたはピザを食べるつもりですか。）
　　(2) What will you eat?（あなたは何を食べるつもりですか。）
　　(3) Will she cook lunch?（彼女は昼食を作るでしょうか。）

第6章
❷ can「～できる」

✏️ **確認問題**・・・・・・・・・ 45 ページ

1 (1) read (2) play
   (3) can

2 (1) Ms. Sato cannot [can't] play tennis.
   (2) Can Ms. Sato play tennis?
   (3) Yes, she can.

3 (1) 作ってくれませんか
   (2) 撮ってもいいですか
   (3) 話してくれませんか

4 (1) Can, eat[have]
   (2) I sit
   (3) Can I

✏️ **練習問題** ── 46・47 ページ

1 (1) eat (2) can
   (3) Can (4) dance

2 (1) can write (2) Can you
   (3) cannot [can't]
   (4) Can I

3 (1) Can, ski
   (2) they cannot [can't]
   (3) can catch
   (4) Can you

4 (1) She cannot use a computer
   (2) Can you call me at seven
   (3) Mr. Tanaka can sing a song well

5 (1) あなたの犬の写真を撮ってもいいですか。
   (2) 彼女のお母さんは英語を教えることができます。
   (3) 私たちはその大きな箱を運ぶことができません。

6 (1) I cannot [can't] get up early.
   (2) My father can play the piano.
   (3) Can I use your bike?

7 (1) I cannot [can't]
   (2) he can

練習問題の解説

2 (2)(4) 「～してもらえませんか」と「～してもいいですか」の違いに注意する。

3 (1) ski は「スキーをする」という意味の動詞。
   (2) 疑問文の主語が your friends なので、答えの文の主語は、代名詞の they を使う。
   (3) catch の三単現は catches。原形に戻すときは es をとる。

4 (3) well は「上手に」の意味で、文末に置くことが多い。

5 (3) carry「～を運ぶ」。

7 (1) Can you swim?（あなたは泳げますか。）
   (2) Can your father make curry?（あなたのお父さんはカレーが作れますか。）

❸ have to ～ / must 「～しなければならない」

✎ 確認問題 ・・・・・・・・・49 ページ

1 (1) must (2) wash
   (3) have (4) has

2 (1) 電話しなければなりませんか
   (2) 来る必要はありません
   (3) 作らなくてもいいです
   (4) いなければなりませんでしたか

3 (1) Must you join the party?
   (2) You must not join the party.
   (3) あなたはパーティーに参加してはい
       けません。

✎ 練習問題 ──── 50・51 ページ

1 (1) must (2) don't have to
   (3) must not (4) Must

2 (1) 本を運ばなければなりません
   (2) テレビを見てはいけません
   (3) 待たなければなりませんか

3 (1) has to (2) must not be
   (3) had to (4) must practice
   (5) Must I

4 (1) I had to run to the station
   (2) Does your sister have to work
       on
   (3) You must leave home at eight

5 (1) He has to study math today.
   (2) She had to go there.
   (3) You don't have to eat all.

6 (1) You mustn't swim here.
   (2) Does he have to read this
       book?

7 (1) must do
   (2) doesn't have

練習問題の解説

3 (2) be late 「遅れて」。must のあとに be 動詞
       を置くときは，原形の be にする。
4 (1) run to ～ 「～まで走る」。
   (3) leave ～ 「～を出る，～を出発する」。
       leave のあとに，直接場所を表す語句を置く
       ことができる。
5 (2) must の過去形はないので，had to を使う。
   (3) all 「すべて，全部」。完成した文の日本語
       訳は，「あなたは全部食べなくてもいいです。」
6 (1) 4 語指定なので，must not の短縮形の
       mustn't を使う。
   (2) 7 語指定なので，must ではなく have to
       を使う。主語が he なので，does を使って
       疑問文を作る。
7   Hi, I'm Takeshi. I must do my
       homework after dinner. But I don't have
       to clean my room today.
       （こんにちは，ぼくはタケシです。ぼくは夕
       食後，宿題をしなければなりません。でも今
       日ぼくは，部屋の掃除をしなくてもいいで
       す。）

第7章

① 疑問詞what

✏️ **確認問題**・・・・・・・・・53 ページ

1 (1) What is　(2) It
(3) What's　(4) It's

2 (1) do　(2) want
(3) did　(4) want

3 (1) ウ　(2) イ
(3) ア

✏️ **練習問題** ────── 54・55 ページ

1 (1) color　(2) animal
(3) time　(4) fruit
(5) language

2 (1) time, take　(2) does, want
(3) What, can　(4) What, did

3 (1) What's
(2) time does, go
(3) What do

4 (1) What subject does Ms. Yokoi teach
(2) What time will you go home
(3) What are those students looking at

5 (1) 彼は何の動物を飼っていますか。
(2) 今日は何曜日ですか。

6 (1) What time do you get up?
(2) What is he using?
(3) What's the date today?

7 イ

練習問題の解説

1 それぞれ答えの文に注目して, 何をたずねているのかを考える。
(1) 「私は赤が好きです。」→色
(2) 「私はライオンを見ました。」→動物
(3) 「10 時です。」→時刻
(4) 「彼はバナナを食べます。」→果物
(5) 「私は中国語を話せます。」→言語

2 (3) 「〜できますか」とあるので, 助動詞 can を使う。〈疑問詞（＋名詞）＋助動詞＋主語＋動詞の原形〜 ?〉の語順。

3 上の文の動詞に注目して, 疑問文の作り方を考える。

4 (1) subject「教科」。
(2) go home「家に帰る」。home は「家に」という意味の副詞なので, go to home とはしない。
(3) 「〜しているのですか」とあるので, 現在進行形を使う。

5 (1) 動物についてたずねている文なので, ここでの have は「飼っている」と訳す。

6 それぞれ答えの文に注目して, 何をたずねているのかを考える。
(1) 「あなたは 6 時に起きます。」→時刻
(2) 「彼はカメラを使っています。」→もの
(3) 「今日は 10 月 10 日です。」→日付

7 What sport do you like?（あなたは何のスポーツが好きですか。）

② 疑問詞who / how / when / where / which / whose

✏ **確認問題**・・・・・・・・・・57 ページ

1 (1) Who   (2) Who made

2 (1) much   (2) long
    (3) pens   (4) old

3 (1) どちらが   (2) 誰の
    (3) どのように   (4) いつ

4 (1) his   (2) mine
    (3) ours   (4) theirs
    (5) hers   (6) Ken's

✏ **練習問題** ──── 58・59 ページ

1 (1) Who   (2) How many
    (3) Where   (4) When
    (5) How

2 (1) エ   (2) オ
    (3) イ   (4) キ
    (5) ウ   (6) ア
    (7) カ

3 (1) my mother's
    (2) Who
    (3) Where

4 (1) When did you see the movie
    (2) How did you learn Chinese
    (3) How many apples are you going to buy

5 (1) あなたは夏と冬では，どちらの季節が好きですか。
    (2) 彼らはどこでギターを練習しますか。
    (3) 今日の天気はどうですか。

6 (1) When is the festival?
    (2) Who is that woman?
    (3) How did you go to the park?

7 (1) イ   (2) ア
    (3) ウ

練習問題の解説

2 それぞれ答えの文に注目して，何をたずねているのかを考える。
ア 「私はブドウが好きです。」→果物
イ 「左のものです。」→どちらであるか
ウ 「彼はカナダ出身です。」→場所
エ 「15歳です。」→年齢
オ 「先月です。」→時
カ 「木曜日です。」→曜日
キ 「バスです。」→手段

3 (1) 人名や人を表す語に 's をつけると,「～の」「～のもの」の意味になる。ここでは Whose ～とたずねているので,「～のもの」の意味。

4 (3) 「～するつもりですか」とたずねているので，〈be going to ～〉を使う。

5 (1) which の疑問文では，文末に〈, A or B〉をつけて選択肢を示すことができる。
(3) 天気をたずねるときの疑問詞は how を使う。weather「天気」。

6 (3) by car は「車で」と交通の手段を表す言い方なので，how を使って「どうやって」とたずねる。went は一般動詞の過去形なので，did を使って疑問文を作る。

7 (1) How many cats do you have?（あなたはネコを何匹飼っていますか。）
(2) Where is Ken?（ケンはどこですか。）
(3) Whose dog is this?（これは誰の犬ですか。）

第8章

❶ when / if / because / that

✏️ 確認問題 ········· 61ページ

1 (1) What, when
   (2) when, come
   (3) I was

2 (1) if, like   (2) If, know
   (3) If it's

3 (1) because I got a new car
   (2) Because it is interesting

4 (1) 始まると思います
   (2) 彼が有名だ

✏️ 練習問題 ——— 62・63ページ

1 (1) エ   (2) ア
   (3) ウ   (4) イ

2 (1) hope that (2) when I
   (3) If, is   (4) Because, can

3 (1) 私の兄[弟]が帰宅したとき
   (2) 昼食を食べなかったから
   (3) 私は残念です
   (4) もし時間があったら

4 (1) Do you think he is right
   (2) stayed home because I was
   (3) I was surprised that Keiko sang very
   (4) I won't go out if it rains tomorrow
   (5) When you called me, I was eating dinner

5 (1) if you are tired
   (2) that we have to study hard

6 ア

練習問題の解説

1 完成した文の日本語訳は次のようになる。
   (1) ひまなとき，私の家に来てください。
   (2) 私はバスケットボールが楽しいということを知っています。
   (3) 私の自転車は古いので，新しいものが欲しいです。
   (4) もし明日雨なら，買い物に行けません。

2 (1) 「～だといいなと思う」は「～を望む」という意味なので，hope を使う。
   (3) if の文の中では未来のことを現在形で表すので，動詞は is を使う。

3 (3) lost は lose の過去形で「負ける」「失う」の意味。

4 (1) このときの right は「正しい」の意味。
   (2) stay home「家にいる」。
   (3) sang は sing の過去形で「歌う」の意味。
   (4) go out「(外に行く＝) 外出する」。コンマがないので，if は文中に置く。
   (5) コンマがあるので，when は文頭に置く。

5 (2) I think (that) のあとは主語＋動詞 ～の語順。6語指定なので，that は省略しない。また，「～しなければならない」は must ではなく have to を使う。

6 I will play video games.（私はテレビゲームをするつもりです。）

第 9 章

❶ SVC・SVOO・SVOC

✏️ **確認問題** ・・・・・・・・・ 65 ページ

1 (1) sleepy (2) looks
(3) sounds (4) like
2 (1) show (2) make
(3) teaches (4) gave
(5) bought
3 (1) calls (2) him
(3) name (4) made

✏️ **練習問題** ―――― 66・67 ページ

1 (1) イ (2) ア
(3) エ (4) ウ
2 (1) to (2) for
(3) to
3 (1) call
(2) show her
(3) How, sound
(4) read me
4 (1) 私に水を
(2) 何と呼びますか
(3) 興奮しているように見えました
5 (1) Your father looks busy.
(2) I gave the watch to him.
(3) The news made me sad.
(4) Mr. Carter teaches them math.
6 (1) We call this food *takoyaki*
(2) This *umeboshi* tastes very sour
(3) Tom bought the CD for his
sister
(4) What made you so angry
7 (1) teach me math
(2) look sad

練習問題の解説

2 相手がいないとできない行動を表す動詞の
ときは to，やろうと思えば一人でもできる
行動を表す動詞のときは for を使う。
3 (3) 「どのように」は疑問詞 how を使って表す。
(4) 〈read ＋ A ＋ B〉「A に B を読んであげる」。
4 (2) 〈call ＋ A ＋ B〉の B が疑問詞 what になっ
ている。
5 (3) もとの文の日本語訳は「私はそのニュース
を聞いたので，悲しかったです。」これを「そ
のニュースは私を悲しくさせました。」と考
える。
(4) もとの文の日本語訳は「カーター先生は彼
らの数学の先生です。」これを「カーター先
生は彼らに数学を教えます。」と考える。S
VOO の文型で書く指定なので，Mr. Carter
teaches math to them. は誤り。
6 (2) 〈taste ＋形容詞〉「〜の味がする」。
(4) 「何があなたをそんなに怒らせたのです
か。」と考える。ここでの so は「そんなに」
という意味の副詞で，形容詞の前につけて使
う。
7 (1) Can you teach me math after school?
（放課後，私に数学を教えてくれませんか。）
(2) You look sad today. （あなたは今日悲し
そうに見えます。）

第 10 章
❶ 不定詞の用法

📝 **確認問題** ・・・・・・・・・69 ページ

1 (1) watch (2) started
(3) want (4) is

2 (1) 日本の文化を学ぶために
(2) 会って驚きました
(3) おじに会うためです

3 (1) イ (2) ア
(3) ウ

📝 **練習問題** ———— 70・71 ページ

1 (1) to drink (2) want to
(3) to exercise (4) is

2 (1) To ask (2) to hear
(3) need to (4) to tell
(5) To, are

3 (1) ア
(2) ウ
(3) イ

4 (1) I was glad to hear the story
(2) Does he like to listen to music
(3) I don't have anything to tell you

5 (1) 私の仕事は小説を書くことです。
(2) 私は今日すべき宿題がたくさんあります。
(3) 私の姉 [妹] は，一人で出かけようとしました。

6 (1) I have some pictures to show you.
(2) To study English is important.
(3) We went to the park to play soccer.

7 靴，デパート，宿題

練習問題の解説

1 (3) exercise「運動する」。

2 (1) ask「たずねる」。
(4) tell「伝える・話す・教える」。
(5) draw「描く」。hobby「趣味」。「絵を描くこと」と「料理すること」の2つが主語なので，be 動詞は are を使う。

3 (1) 名詞的用法。
(2) 副詞的用法（感情の原因）。
(3) 形容詞的用法。

4 (3) anything は something と同じ意味で，疑問文・否定文のときに使う。

5 (1) job「仕事」。novel「小説」。不定詞の名詞的用法は be 動詞のあとに置いて補語の働きをすることもできる。
(3) alone「一人で」。

6 (3) まず「私たちは公園に行きました」という文を完成させてから，そのあとに「サッカーをするために」の部分を不定詞の副詞的用法を使って続ける。

7 I want to go to the department store to buy new shoes next holiday. So I need to finish my homework by that day.（私は次の休日，新しい靴を買うためにデパートに行きたいです。だから，その日までに宿題を終わらせる必要があります。）

❷ いろいろな不定詞

✏️ 確認問題 ・・・・・・・・73 ページ

1 (1) for (2) it
(3) to read (4) important

2 (1) what (2) where
(3) which (4) how
(5) how (6) what time

3 (1) どこで写真を撮ればいいか
(2) そのゲームのやり方を
(3) 京都で何を見るべきか

✏️ 練習問題 ──── 74・75 ページ

1 (1) where (2) to climb
(3) to use
(4) which pen to buy

2 (1) It's necessary to
(2) her when to start
(3) how to read the word

3 (1) how to (2) it, for, to
(3) it is (4) how much
(5) To, is

4 (1) Is it important to exercise every
day
(2) She didn't know which box to
choose
(3) I'll show you how to make
sukiyaki

5 (1) どこでチケットを手に入れたらいい
か，私たちに教えてくれますか。
(2) 私たちにとってその質問に答えるこ
とは簡単でした。

6 (1) It is[It's] difficult for me to use
a smartphone.
(2) Please tell me how to get to the
park.

7 (1) Yes, it is. / No, it isn't.
(2) Yes, I do. / No, I don't.

練習問題の解説

1 (2) climb「登る」。
(4) 〈which ＋名詞〉のセットで疑問詞として
扱う。完成した文の日本語訳は，「あなたは，
どのペンを買うべきか知りたいですか。」

2 (3) remember「覚えている，思い出す」。

3 (3) Is it ～？とたずねているので，it is を使っ
て答える。
(4) decide「決める」。take「持っていく」。
(5) by ～ は「～までに」という意味もある。

4 (1) 「大切ですか」とたずねているので，Is it
～？と疑問文の語順にする。
(2) choose「選ぶ」。

5 (2) answer the question「その質問 [問題]
に答える」。

6 (1) 「私にとってスマートフォンを使うことは
難しいです。」という意味の文にする。
(2) get to ～「～に行く，～に着く」。完成し
た文の日本語訳は，「公園への行き方を私に
教えてください。」

7 (1) Is it difficult to swim?（泳ぐことは難し
いですか。）
(2) Do you know how to play the guitar?（あ
なたはギターの弾き方を知っていますか。）

❸ 動名詞

✏️ **確認問題** ・・・・・・・・・77 ページ

1️⃣
(1) 訪れること
(2) 上手に泳ぐこと
(3) 映画を見ること
(4) 数学を勉強すること
(5) 掃除することは私の仕事です

2️⃣
(1) for　　(2) at
(3) in　　(4) meeting

3️⃣
(1) reading　　(2) like
(3) to buy　　(4) eating
(5) to answer　　(6) playing

✏️ **練習問題** ―――― 78・79 ページ

1️⃣
(1) to see　　(2) Using
(3) dancing　　(4) to eat
(5) playing

2️⃣
(1) cleaning　　(2) cooking
(3) to leave　　(4) saying

3️⃣
(1) Running is
(2) to read
(3) enjoyed eating

4️⃣
(1) Thank you for calling me last
(2) Is playing baseball fun for you
(3) Stop talking when the teacher comes

5️⃣
(1) 彼は日本の文化を勉強することに興味がありますか。
(2) 2時間前に雨が降り始めました。
(3) 寝る前に宿題をやり終えなさい。

6️⃣
My brother is good at speaking English.

7️⃣
(1) swimming
(2) playing tennis

練習問題の解説

1️⃣
（　）の直前の語によって，不定詞か動名詞のどちらを使うかが決まる。

2️⃣
(1) living room「居間」。
(3) leave「～を出発する」。
(4) 「何も言わずに」＝「何も言うことなしに」と考える。without は前置詞なので，直後には動名詞が入る。

3️⃣
(2) love は like と同じで，不定詞と動名詞のどちらもとることができる。
(3) 過去の文なので，enjoy を過去形にして使う。

4️⃣
(1) 〈call ＋（人）〉「（人）に電話する」。
(3) ここでの when は接続詞で「～のとき」の意味。コンマがないので，when の文は後半に書く。

5️⃣
(1) culture「文化」。
(2) ～ hour ago「～時間前」。
(3) before は「～の前に」という意味の前置詞。go to bed「寝る」。

7️⃣
Ken: Can you swim, Mary?（ケン：あなたは泳げますか，メアリー）
Mary: Yes, I can. I can swim very fast.（メアリー：はい，泳げます。私はとても速く泳ぐことができます。）
Ken: Wow, you are good at swimming. I can't swim, but I can play tennis well.（ケン：わあ，あなたは泳ぐのが得意なんですね。ぼくは泳げませんが，テニスは上手にできます。）
Mary: Great. Let's play it together.（メアリー：すごいですね。一緒にやりましょう。）

❶ 比較級と最上級

✏ **確認問題** ‥‥‥‥‥81 ページ

❶ (1) 比較…faster, 最上…fastest
(2) 比較…bigger, 最上…biggest
(3) 比較…easier, 最上…easiest
(4) 比較…more famous,
最上…most famous
(5) 比較…more difficult,
最上…most difficult
(6) 比較…better, 最上…best

❷ (1) smaller than
(2) the tallest in
(3) the oldest of
(4) more useful than
(5) the most popular in

❸ (1) 私たちのクラスで最も上手な
(2) 私のもの［アイディア］よりも良い
(3) 冬よりも夏が好きです

✏ **練習問題** ── 82・83 ページ

❶ (1) 比較…larger, 最上…largest
(2) 比較…heavier, 最上…heaviest
(3) 比較…stronger, 最上…strongest
(4) 比較…more useful,
最上…most useful
(5) 比較…better, 最上…best

❷ (1) newer (2) tallest
(3) moving (4) more
(5) the best (6) better
(7) in (8) of

❸ (1) hotter, than
(2) the fastest of
(3) the best singer
(4) like, better

❹ (1) This road is the longest in our town
(2) I like bananas the best of all fruits
(3) Is this castle older than that one

(4) Your word is more important than his

❺ (1) February is colder than January.
(2) The story is the most interesting of all.
(3) I get up the earliest in my family.

❻ (1) Susan, Mark
(2) Mark, Susan

練習問題の解説

❶ (2) 〈子音字＋y〉で終わる語のときは，y を i に変えて er, est をつける。
(3) strong は長い単語に見えるが，more, most は使わない。3音節以上の語のときに more, most を使う。

❷ 同じ文の中に than があったら比較級，the, in, of などがあったら最上級，と考える。

❸ (1) hot, big のように，読み方に促音（ッ）が入る語のときは，最後の文字を2つ重ねて er, est をつける。
(2) the four は数字なので，その前の前置詞は of を使う。
(3) 「上手な歌手」のように〈形容詞＋名詞〉の形になっているときは，形容詞が比較級・最上級になっても同じ語順になる。

❹ (3) castle「城」。ここでの one は，前に一度出たものを再び述べるときに使う語。この場合は「城」を指す。
(4) 「彼の言葉」は his word と表すが，主語で一度 word が出ているので，それを省略して，his「彼のもの」と表している。

❺ (2) 「すべて」は all と表す。したがって，その前の前置詞は of を使う。

❻ I am Susan. I'm fourteen years old. My brother Mark is twelve, but he is taller than me.（私はスーザンです。14歳です。私の弟のマークは12歳ですが，私よりも背が高いです。）

❷ 比較の疑問文／as〜as…

 確認問題・・・・・・・・・85 ページ

1 (1) Which, or
(2) Who, the fastest
(3) What, most important
(4) Which, better, or

2 ウ

3 (1) イ　　　　(2) ア

✎ 練習問題 ────── 86・87 ページ

1 (1) busier　(2) Who
(3) What　(4) as short as
(5) big

2 (1) as tall as
(2) Which, like better, or
(3) Who, the best in
(4) isn't as large as
(5) one of, most

3 (1) younger than
(2) as tall as
(3) Your, mine

4 (1) あなたはどの花が最も好きですか。
(2) 彼女は私の母と同じくらい上手に料理します。
(3) これらの写真はあれらの写真ほど美しくありません。

5 (1) Which is more interesting, math or
(2) This is one of the most famous songs
(3) Peter is not as young as John
(4) Which is the most difficult question of the ten

6 (1) 英語
(2) 歴史

練習問題の解説

1 (2) 完成した文の日本語訳は，「このチームで最も若いのは誰ですか。」となる。「若い」というのは人のことを表す語なので，疑問詞は Who を使う。
(3) what color「何色」。
(4) hair「髪」，short「短い」。
(5) ground「グラウンド・地面」。

2 (4) 「(面積が) 広い」は large と表す。「(規模などが) 大きい」という意味のときは big を使う。

3 (1) 上の文の日本語訳は，「伊藤さんは私の父よりも年をとっています。」言いかえると，「私の父は伊藤さんよりも若いです。」となる。
(2) 上の文の日本語訳は，「アキラは身長165cm です。ワタルも身長 165cm です。」つまり，2 人が同じ背の高さであることを示す。
(3) 上の文の日本語訳は，「私の車はあなたの車ほど新しくありません。」言いかえると，「あなたの車は私の車よりも新しいです。」となる。my car を mine, your car を yours と表していることにも注意する。

4 (3) these「これら」, those「あれら」。

5 (1) コンマを使うことに注意する。
(2) one of のあとに〈最上級＋名詞の複数形〉を置く。

6 　My name is Alex. My favorite subject is Japanese. It's more interesting than English. I like history, too. It's as interesting as Japanese.（私の名前はアレックスです。好きな教科は日本語です。それは英語よりも面白いです。私は歴史も好きです。それは日本語と同じくらい面白いです。）

第12章
①「〜される」

✏️ 確認問題 ·········89ページ

⭐1 (1) is (2) were
(3) studied (4) written
(5) invited

⭐2 (1) Baseball isn't[is not] played in France.
(2) Is baseball played in France?
(3) Yes, it is.

⭐3 (1) liked (2) known
(3) read (4) seen

✏️ 練習問題 ——— 90・91ページ

1▶ (1) loved (2) found
(3) broken (4) given

2▶ (1) is used (2) was made
(3) are not sold
(4) Is, eaten[had]
(5) Was, stolen
(6) it wasn't

3▶ (1) その映画は世界中で見られています。
(2) スマートフォンは20年前には使われていませんでした。
(3) 彼はなぜ笑われたのですか。

4▶ (1) That hospital was built last year
(2) These songs are liked among young people
(3) The novel is not read in Japan
(4) What language is spoken in New Zealand?

5▶ (1) His son was named Yusuke.
(2) The news isn't known in our school.
(3) When were those doors opened?

6▶ (1) they aren't
(2) He is taught

練習問題の解説

1▶ (2) find — found — found の変化で,「見つける」という意味。
(3) break — broke — broken の変化で,「壊す・破る」という意味。
(4) give — gave — given の変化で,「与える」という意味。

2▶ (3) 主語が Comics で複数なので, be 動詞は are を使う。sold は sell「売る」の過去分詞で, sell — sold — sold の変化。
(5) stolen は steal「盗む」の過去分詞で, steal — stole — stolen の変化。

3▶ (1) all over the world「世界中で[の]」。
(3) 疑問詞 why を使った疑問文になっている。

4▶ (1) built は build「建てる」の過去分詞で, build — built — built の変化。
(2) among は「〜の間で[中で]」という意味の前置詞で,「3つ以上のものや人の間で」という意味を持つ。
(4) 「何の言語」は what language と表す。spoken は speak「話す」の過去分詞で, speak — spoke — spoken の変化。

5▶ (1) son「息子」, name「名づける」。
(2) news「ニュース」は単数扱いの名詞なので, be 動詞は is を使う。否定文だが, 7語指定なので, is not の短縮形 isn't を使う。known は know の過去分詞で, know — knew — known の変化。
(3) 「いつ」は疑問詞 when を使う。疑問詞を文頭に置いて, そのあとに疑問文を続ける。主語が複数であること, 過去の文であることから, be 動詞は were を使う。

6▶ (1) Are these computers used every day? (これらのコンピュータは毎日使われますか。)
(2) What is he taught? (彼は何を教わりますか。)

22

② by「～によって」／助動詞を含む受け身

✏ 確認問題 ・・・・・・・・・ 93 ページ

1 (1) was, by　(2) Was, written by
(3) is taught by　(4) are, in

2 (1) 買うことができます
(2) 閉められる予定ですか
(3) かもしれません

3 (1) is used, many students
(2) was eaten, Shin
(3) isn't known

✏ 練習問題 ──── 94・95 ページ

1 (1) was, by　(2) Is, liked by
(3) wasn't cleaned by
(4) were, by　(5) must be
(6) will be, in

2 (1) Kyoto is visited by many people.
(2) English is taught by Mr. Brown.
(3) My homework must be finished today.
(4) The dinner wasn't[was not] made by her.
(5) Are these books read by your brother?

3 (1) サッカーは世界中の人々にプレイされています。
(2) 刺身は外国の人々によって食べられますか。
(3) あの建物は来月までに建てられる予定です。

4 (1) "Takasebune" was written by Mori Ogai
(2) This language may not be spoken in Canada
(3) Who were these dishes washed by

5 (1) This dog is loved by many children.
(2) Can the moon be seen here?

6 are read by

練習問題の解説

1 (3) clean「掃除する」。
(4) 「～によって」はふつう，文末に書くが，疑問詞 who は文頭に置く必要があるため，文末に by が残る。
(5) everyone「みんな」。
(6) held は hold「開催する」の過去分詞で，hold — held — held の変化。「2024 年に」と西暦を述べるときの前置詞は in を使う。

2 受け身にする前の文と，受け身にした文の日本語訳は，それぞれ次のようになる。
(1) たくさんの人々が京都を訪れます。→京都はたくさんの人々によって訪れられます。
(2) ブラウン先生は英語を教えます。→英語はブラウン先生によって教えられます。
(3) 私は今日，宿題を終えなければなりません。→この宿題は，今日終えられなければなりません。
(4) 彼女はその夕食を作りませんでした。→その夕食は彼女によって作られませんでした。
(5) あなたのお兄さん [弟] はこれらの本を読みますか。→これらの本はあなたのお兄さん [弟] によって読まれますか。

3 (1) people all over the world がひとまとまりの言葉で「世界中の人々」の意味になる。
(2) foreign people「外国の人々」。
(3) ここでの by は「～によって」ではなく，「～までに」という意味になる。

4 (1) written は write「書く」の過去分詞で，write — wrote — written の変化。
(2) 「～されていないかもしれない」とあるので，〈may not be ＋過去分詞〉の語順にする。
(3) dishes は dish の複数形で「皿」の意味。

5 (1) 「子どもたち」は child の複数形 children を使う。
(2) 問題文では「月を見ることができますか」とあるが，過去分詞 seen を使う指定があるので，「月は見られることができますか」と受け身の表現にする。「～されることができますか」は〈can be ＋過去分詞〉の疑問文の形になる。「月」は moon で，常に the をつけて使う。

6 He reads books every day.（彼は毎日，本を読みます。）

動詞活用表

規則動詞			
原形	過去形	過去分詞形	意味
be	was, were	been	～である，いる
call	called	called	～を呼ぶ，～に電話する
clean	cleaned	cleaned	～を掃除する
cook	cooked	cooked	～を料理する
enjoy	enjoyed	enjoyed	～を楽しむ
help	helped	helped	～を手伝う，～を助ける
learn	learned	learned	～を学ぶ，～を習う
like	liked	liked	～が好きだ
listen	listened	listened	聞く
live	lived	lived	住んでいる
look	looked	looked	見る，見える
play	played	played	～をする，～を演奏する
stop	stopped	stopped	止まる，～をやめる
study	studied	studied	～を勉強する
talk	talked	talked	話す
try	tried	tried	～を試す
use	used	used	～を使う
visit	visited	visited	～を訪れる
wait	waited	waited	待つ
walk	walked	walked	歩く
want	wanted	wanted	～が欲しい
wash	washed	washed	～を洗う
watch	watched	watched	～を見る

不規則動詞			
原形	過去形	過去分詞形	意味
break	broke	broken	～を壊す
bring	brought	brought	～を持ってくる
build	built	built	～を建てる
buy	bought	bought	～を買う
catch	caught	caught	～を捕まえる
come	came	come	来る

原形	過去形	過去分詞形	意味
do	did	done	～をする
draw	drew	drawn	（絵・図を）描く
eat	ate	eaten	～を食べる
find	found	found	～を見つける
get	got	got [gotten]	～を手に入れる
give	gave	given	～を与える
go	went	gone	行く
have	had	had	～を持っている，～を食べる
hear	heard	heard	～を聞く
hold	held	held	～を抱く，～を催す
know	knew	known	～を知っている
leave	left	left	～を出発する
make	made	made	～を作る
meet	met	met	～に会う
put	put	put	～を置く
read	read	read	～を読む
run	ran	run	走る
say	said	said	言う
see	saw	seen	～が見える，～に会う
sell	sold	sold	～を売る
send	sent	sent	～を送る
show	showed	showed [shown]	～を見せる
sing	sang	sung	～を歌う
sleep	slept	slept	眠る
speak	spoke	spoken	～を話す
steal	stole	stolen	～を盗む
swim	swam	swum	泳ぐ
take	took	taken	～をとる，～に乗る
teach	taught	taught	～を教える
tell	told	told	～を話す，～を教える
think	thought	thought	～を思う，～を考える
write	wrote	written	～を書く